《蘇州全書》編纂出版委員會 編

·音學五書

蘇州全書

甲編

蘇州大學出版社
古吳軒出版社

詩本音卷之六

小雅

祈父九麌予王之爪牙音吾胡轉予于恤靡所止居九魚 此章以平上通爲一韻

祈父予王之爪士六止胡轉予于恤靡所厎止六止 傳曰

祈父亶不聰一東胡轉予于恤有母之尸饔三鍾

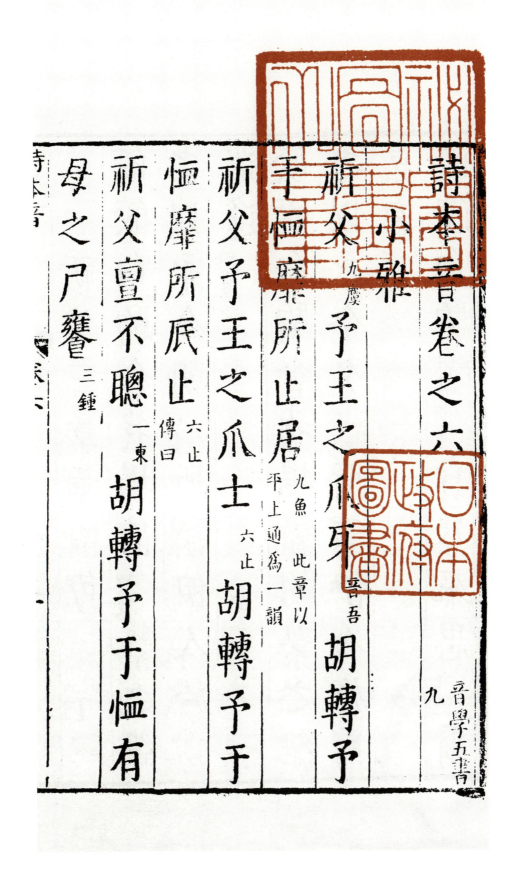

祈父三章章四句

皎皎白駒食我場苗（四宵）縶之維之以永今朝（四宵）所謂伊人於焉逍遙（四宵）

皎皎白駒食我場藿（十九鐸）縶之維之以永今夕（二十二昔）所謂伊人於焉嘉客（二十陌）

皎皎白駒（十虞與侯協）賁然來思（七之）爾

公爾侯音胡逸豫無期十之慎爾優

游勉爾遁思見上

皎皎白駒在彼空谷一屋生芻一

束三燭其人如玉三燭毋金玉爾音

二十一侵而有遐心二十一侵

白駒四章章六句

黃鳥黃鳥無集于穀一屋無啄我

粟三燭此邦之人不我肯穀一屋上穀从木下

穀从禾言旋言歸復我邦族一屋

黃鳥黃鳥無集于桑十一唐無啄我

粱十陽此邦之人不可與明彌郎反言

旋言歸復我諸兄虛王反

黃鳥黃鳥無集于栩九麌無啄我

黍八語此邦之人不可與處八語言

旋言歸復我諸父九麌

黃鳥三章章七句

我行其野神與反蔽芾其樗九魚昏姻之故十一暮言就爾居九魚爾不我畜復我邦家音姑此章以平上去通爲一韻

我行其野見上與故協言采其蓫一屋昏姻之故見上言就爾宿一屋爾不我畜一屋言歸思復一屋此章以上去通爲一韻

我行其野言采其葍古音方墨反後人誤入一屋韻不思舊姻求爾新特二十五德今本誤作求我依唐石經及國子監註

疏本改正成不以富古音方二反考富字詩凡五見易三見竝同後人混入四十九宥韻今本成作誠依唐石經及國子監註疏本改正　箋曰室家成事亦祇以異七志此章亦可以去入通爲一韻

我行其野三章章六句

秩秩斯干二十五寒幽幽南山二十八山如竹苞五肴矣如松茂音耄矣兄及弟矣

式相好三十二晧矣無相猶十八尤矣此章以平上去通爲

似續妣祖十姥築室百堵十姥西南其戶十姥爰居爰處八語爰笑爰語八語

約之閣閣十九鐸椓之橐橐十九鐸風雨攸除九魚九御二韻鳥鼠攸去八語九御二韻君子攸芋十虞十遇二韻此章亦可以平去入通爲一韻

如跂斯翼二十四職如矢斯棘二十四職如鳥斯革音棘如翬斯飛八微君子攸躋

十二齊 此章亦可以平入通爲一韻

殖殖其庭 十五青 有覺其楹 十四清 噲噲其正 十四清 噦噦其冥 十五青 君子攸寧 十五青

下莞上簟 五十一忝 乃安斯寢 四十七寢 乃寢乃興 十六蒸 乃占我夢 莫滕反 吉夢維何 七歌 維熊維羆 古音波考羆字詩凡二見並同後人誤入五支韻 維虺維蛇 音陀

大人占之維熊維羆見上男子之祥十陽維虺維蛇見上女子之祥見上二祥字自爲韻

乃生男子載寢之牀十陽載衣之裳十陽載弄之璋十陽其泣喤喤古音皇考喤字詩凡二見竝同後人混入十二庚韻朱芾斯皇十一唐室家君王十陽

乃生女子載寢之地古音陀考地字詩一見易一見楚辭二見

竝同後人誤入六至韻載衣之裼載弄之瓦三十五馬

無非無儀音俄唯酒食是議古音魚賀反考議字詩凡二見竝同後人誤入五寘韻無父母詒罹音羅裼字不入韻此章以平上去通爲一韻

斯干九章四章章七句五章章五句

誰謂爾無羊三百維羣二十文誰謂爾無牛九十其犉十八諄爾羊來思

七之與下思協

其角濈濈二十六緝爾牛來思見上

其耳溼溼二十六緝或降于阿七歌或飲于池音陀或寢

或訛八戈爾牧來思何蓑何笠或

負其餱古音胡說見載馳三十維物爾牲則

具十遇此章以平去通爲一韻

爾牧來思以薪以蒸十六蒸以雌以

雄古音于陵反考雄字詩凡二見左傳一見楚辭一見竝同後人誤入一東韻爾羊來

思矜矜兢兢十六蒸不騫不崩十七登麾
之以肱十七登畢來既升十六蒸
牧人乃夢衆維魚九魚矣旐維旟
九魚矣大人占之衆維魚見上矣實
維豐年一先旐維旟見上矣室家溱
溱十九臻

無羊四章章八句

節彼南山維石巖巖二十七銜赫赫師

尹民具爾瞻（二十四鹽）憂心如惔（二十三談）不

敢戲談（二十三談）國既卒斬（五十三豏）何用不

監（二十七銜　此章以平上通爲一韻）

節彼南山有實其猗（於戈反）赫赫師

尹不平謂何（七歌）天方薦瘥（七歌）喪

亂弘多（七歌）民言無嘉（九麻）憯莫懲

嗟（九麻）

尹氏大師（六脂）維周之氐（十二齊）秉國

之均四方是維六脂天子是毗六脂俾民不迷十二齊不弔昊天不宜空我師見上

弗躬弗親十七眞庶民弗信二十一震弗問弗仕六止勿罔君子六止式夷式已六止無小人殆十五海瑣瑣姻亞則無膴仕見上此章以平去通爲一韻

昊天不傭三鍾降此鞠訩三鍾昊天

不惠十二霽降此大戾十二霽君子如屆十六怪俾民心闋十六屑君子如夷六脂惡怒是違八微此章以平去入通爲一韻

不弔昊天亂靡有定四十六徑式月斯生十二庚俾民不寧十五青憂心如酲十四清誰秉國成十四清不自爲政四十五勁卒勞百姓四十五勁此章以平去通爲一韻

駕彼四牡四牡項領四十靜我瞻四

方蹙蹙靡所騁四十靜

方茂爾惡十九鐸與懌協相爾矛十八尤矣既夷既懌二十二昔如相醻十八尤矣

昊天不平十二庚我王不寧十五青不懲其心覆怨其正十四清四十五勁二韻

家父作誦三用以究王訩三鍾式訛爾心以畜萬邦古音博工反考邦字詩凡十見書二見易七見禮記一見並同後人分四江韻此皆以平去通爲一韻

節南山十章六章章八句

四章章四句

正月繁霜十陽我心憂傷十陽民之

訛言亦孔之將十陽念我獨兮憂

心京京音疆哀我小心癙憂以痒

十陽

父母生我胡俾我瘉十虞九麌二韻不自

我先不自我後音戶好言自口古音苦考

口字詩凡二見左傳一見竝同後人混入四十五厚韻 莠言自口 見上 憂心愈愈 九麌 是以有侮 九麌

憂心惸惸念我無祿 一屋 民之無辜幷其臣僕 一屋 哀我人斯于何從祿 見上 瞻烏爰止于誰之屋 一屋

瞻彼中林侯薪侯蒸 十六蒸 民今方殆視天夢夢 莫滕反 既克有定靡人弗勝 十六蒸 有皇上帝伊誰云憎 十七登

謂山蓋卑爲岡爲陵十六蒸民之訛言寧莫之懲十六蒸召彼故老訊之占夢莫滕反具曰予聖誰知烏之雌雄于陵反謂天蓋高不敢不局三燭　局不與脊爲韻未詳李因篤曰局轉去聲則音具與下文厚字爲韻厚古音戶謂地蓋厚不敢不蹐二十二昔維號斯言有倫有脊二十二昔哀今之人胡爲虺蜴二十二昔

瞻彼阪田有菀其特二十五德天之扤我如不我克二十五德彼求我則二十五德如不我得二十五德執我仇仇亦不我力二十四職

心之憂矣如或結十六屑之今兹之正胡然厲十二霽矣燎之方揚寧或滅十七薛之赫赫宗周褒姒威十七薛之

此章以去入通爲一韻

終其永懷十四皆與二載協又窘陰雨九麌其

車既載十九代乃棄爾輔九麌載輸爾

載見上將伯助予九魚八語二韻此章以平去通爲一韻

無棄爾輔員于爾輻方墨反屢顧爾

僕不輸爾載十九代終踰絕險曾是

不意七志此章以去入通爲一韻

魚在于沼三十小亦匪克樂三十六效十九鐸二韻

潛雖伏矣亦孔之炤三十五笑憂心慘

慘念國之爲虐十八藥　此章以上去入通爲一韻　按此慘字若作懆則與上下俱協　說見月出

彼有旨酒四十四有　又有嘉殽五肴　洽比其鄰十七眞　昏姻孔云二十文　念我獨兮

憂心慇慇二十一殷　此章以平上通爲一韻

佌佌彼有屋一屋　蔌蔌方有穀一屋

民今之無祿一屋　天夭是椓古音啄後人混入四覺韻

哿矣富人　哀此惸獨一屋

正月十三章八章章八句

五章章六句

十月之交五脊朔日辛卯三十一巧日有

食之亦孔之醜四十四有彼月而微八微

此日而微見上今此下民亦孔之

哀十六咍　此章以平上通爲一韻

日月告凶不用其行戶郎反四國無

政不用其良十陽彼月而食二十四職與下食協

則維其常十陽─此日而食見上─于何
不臧唐十一
爗爗震電三十二霰不寧不令古音力震反字有平去二音車
鄰平聲此章去聲與雷爲韻集傳以叶下文騰崩者非─百川沸騰十七登─山
冢崒崩十七登高岸爲谷深谷爲陵
十六蒸哀今之人胡憯莫懲十六蒸
皇父卿士六止與宰史氏協─番維司徒十一模─家
伯維宰十五海今本誤作冢宰依唐石經及國子監註疏本改正按鄭康成周禮註引此亦作維

宰宋史趙師民傳引之亦同仲允膳夫十虞聚子內史六止蹶維趣馬音姥楀維師氏四紙豔妻煽方處八語此章以平上通爲一韻

抑此皇父豈曰不時七之胡爲我作不卽我謀音媒徹我牆屋田卒汙萊十六咍曰予不戕禮則然矣六止此章以平上通爲一韻

皇父孔聖作都于向四十一漾擇三有

事亶侯多藏十一唐四十二宕二韻不慭遺一
老俾守我王十陽四十一漾二韻擇有車馬以
居徂向見上
黽勉從事不敢告勞六豪無罪無
辜讒口嚻嚻四宵六豪二韻下民之孽匪
降自天一先噂沓背憎職競由人
十七眞
悠悠我里六止亦孔之痗十八隊四方

有羨我獨居憂 十八尤 民莫不逸我獨不敢休 十八尤 天命不徹 十七薛 我不敢傚我友自逸 五質此章以上去通爲一韻

十月之交八章章八句

浩浩昊天不駿其德 二十五德 降喪饑饉斬伐四國 二十五德 昊天疾威 八微與二罪協今本作旻天鄭氏箋作昊天按此章上文及下章並云昊天則作昊爲是其作旻者因大雅召旻之文而誤也唐石經依鄭作昊

弗慮弗圖 十一模 舍彼有罪 十四賄 旣伏

其辜十一模若此無罪見上淪胥以鋪十一模此章以平上通爲一韻

周宗既滅十七薛靡所止戾十二霽正大夫離居莫知我勩六至十三祭二韻三事大夫莫肯夙夜音豫邦君諸侯莫肯朝夕二十二昔庶曰式臧覆出爲惡十一暮十九鐸二韻此章上下俱以去入通爲一韻

如何昊天一先辟言不信二十一震如彼

行邁則靡所臻十九臻凡百君子各敬爾身十七眞胡不相畏不畏于天見上此章以平去通爲一韻

戎成不退十八隊飢成不遂六至曾我朁御憯憯日瘁六至凡百君子莫肯用訊徐邈音息悴反按此當作誶與墓門同聽言則荅荅字新序漢書皆作對對字入韻譖言則退見上

哀哉不能言二十二元與下言協匪舌是出六至

維躬是瘁 六至 哿矣能言 見上 巧言如流 十八尤 俾躬處休 十八尤

維曰于仕 六止 孔棘且殆 十五海 云不可使 六止 得罪于天子 六止 亦云可使 見上 怨及朋友 音以

謂爾遷于王都 十一模 曰予未有室家 音姑 鼠思泣血 十六屑 無言不疾 四質

昔爾出居誰從作爾室 四質

雨無正七章二章章十句二章章八句三章章六句

祈父之什十篇六十四章四百二十六句

旻天疾威敷于下土（十姥）謀猶回遹何日斯沮（八語）謀臧不從（三鍾）不臧覆用（三用）我視謀猶亦孔之邛（三鍾　此章以平去通爲一韻）

潝潝訿訿四紙亦孔之哀十六咍一謀之其臧十一唐與下臧協一則具是違八微一謀之不臧見上一則具是依八微我視謀猶伊于胡厎五旨今本作底誤箋曰厎至也此章以平上通爲一韻我龜既厭不我告猶十八尤謀夫孔多是用不集二十六緝集字非韻宋王應麟詩攷序言朱子從韓詩作是用不就今本仍作集元熊朋來五經說曰詩音舊有九家陸德明經文始以己見定爲一家之學詩中慘皆作懆勞心懆兮協照燎紹爲韻我心懆懆協耄爲韻歌以訊之當從歌以誶止是用不集當從是用不就皆以韻爲證釋文猶或字具數音及孫氏直音

出而挾莬園册者并釋文不復考矣發言盈庭誰敢執其咎四十四有如匪行邁謀是用不得于道三十二晧此章以平上去通爲一韻

哀哉爲猶匪先民是程十四清匪大猶是經十五青維邇言是聽十五青維邇言是爭十三耕如彼築室于道謀是用不潰于成十四清

國雖靡止六止或聖或否五旨民雖

靡膴或哲或謀音媒或肅或艾二十廢如彼泉流今本誤作流泉依唐石經及國子監註疏本改正無淪胥以敗十七夬　此章以平上去通爲一韻

不敢暴虎不敢馮河七歌人知其一莫知其他七歌戰戰兢兢十六蒸如臨深淵如履薄冰十六蒸

小旻六章三章章八句三章章七句

宛彼鳴鳩翰飛戾天一先我心憂傷念昔先人十七眞明發不寐有懷二人見上

人之齊聖飲酒溫克二十五德彼昏不知五支壹醉日富方二反各敬爾儀天命不又音肄此章以平去入通爲一韻

中原有菽庶民采十五海之螟蛉有子六止螟蠃負古音房以反考負字詩凡二見並同後人混入四十四有韻之

教誨爾子見上式穀似六止之

題彼脊令載飛載鳴十三庚—我日斯

邁十七夬與寐協—而月斯征十三耕—夙興夜寐

六至—無忝爾所生十二庚

交交桑扈十姥與寡協—率場啄粟三燭—哀

我塡寡音古—宜岸宜獄三燭握粟出

卜一屋自何能穀一屋此章亦可以上入通爲一韻

溫溫恭人如集于木一屋惴惴小

心如臨于谷一屋三燭二韻戰戰兢兢十六蒸

如履薄冰十六蒸

小宛六章章六句

弁彼鸒斯五支歸飛提提五支民莫

不穀我獨于罹音羅何辜于天我

罪伊何七歌心之憂矣云如之何

見上

踧踧周道三十二晧鞫爲茂草三十二晧我心

憂傷惄焉如擣三十二皓假寐永歎維

憂用老三十二皓心之憂矣疢如疾首

四十四有

維桑與梓六止必恭敬止六止靡瞻

匪父靡依匪母滿以反不屬于毛不

離于裏六止天之生我我辰安在

十五海

菀彼柳斯鳴蜩嘒嘒十二霽有漼者

淵萑葦淠淠十三祭譬彼舟流不知
所屆十六怪心之憂矣不遑假寐六止
鹿斯之奔維足伎伎五支雉之朝
雊尚求其雌五支譬彼壞木疾用
無枝五支心之憂矣寧莫之知五支
相彼投兔尚或先一先三十二霰二韻之行有
死人尚或墐二十一震之君子秉心惟
其忍十六軫之心之憂矣涕既隕十六軫

之此章以上去通爲一韻

君子信讒如或醻十八尤之君子不惠不舒究四十九宥之伐木掎古音居我反後人誤入四紙韻矣析薪扡古音徒可反後人誤入四紙韻矣舍彼有罪予之佗七歌矣此章以平去以平上通爲一韻

莫高匪山二十八山莫浚匪泉二仙君子無易由言二十二元耳屬于垣二十二元無逝我梁無發我笱音矩我躬不閱遑

恤我後 音戶

小弁八章章八句

悠悠昊天曰父母且 九魚 無罪無辜 十一模 亂如此幠 十一模 昊天已威 八微 予慎無罪 十四賄 昊天泰幠 見上 予慎無辜 見上 此章以平上通爲一韻

亂之初生 十二庚與下生協 僭始既涵 二十二覃 亂之又生 見上 君子信讒 二十六咸 君子如

怒十姥十一暮二韻亂庶遄沮八語君子如祉六止亂庶遄已六止君子屢盟古音彌郎反後人混入十二庚韻亂是用長十陽君子信盜三十七号亂是用暴三十七号盜言孔甘二十三談亂是用餤二十三談匪其止共三鍾維王之邛三鍾

奕奕寢廟君子作十九鐸之秩秩大猷聖人莫十九鐸之他人有心予忖

度十九鐸之躍躍毚兔遇犬獲二十一麥之
荏染柔木君子樹十遇之往來行
言心焉數九麌十遇二韻之蛇蛇碩言出
自口音苦矣巧言如簧顏之厚音戶
矣此章以上去通爲一韻[illegible]

彼何人斯五支居河之麋六脂無拳
無勇二腫與偅協職爲亂階十四皆既微且
尰二腫爾勇伊何七歌爲猶將多七歌

爾居徒幾何見上

巧言六章章八句

彼何人十七眞斯其心孔艱二十八山胡逝我梁不入我門二十三魂伊誰云從維暴之云二十文

二人從行誰爲此禍三十四果胡逝我梁不入唁我三十三哿始者不如今云不我可三十三哿

彼何人見上斯胡逝我陳十七眞我聞其聲不見其身十七眞不愧于人見上不畏于天一先

彼何人斯其爲飄風方凡反胡不自北胡不自南二十二覃胡逝我梁祇攪我心二十一侵

爾之安行十二庚與下行協亦不遑舍古有舒暑恕三音考舍字詩一見易二見禮記一見楚辭一見竝同後人混入三十五馬四十禡二韻爾之亟行

見上 遑脂爾車 九魚 壹者之來云何其盱 十虞 爾還而入 二十六緝與下入協 我心易 五寘 也還而不入 見上 否難知 五支 也壹者之來 十六咍 俾我祇 五支 也 此章以平去通爲一韻

伯氏吹壎仲氏吹篪 五支 及爾如貫諒不我知 五支 出此三物以詛爾斯 五支

爲鬼爲蜮二十四職則不可得二十五德有靦面目視人罔極二十四職作此好歌以極反側二十四職

何人斯八章章六句

萋十二齊兮斐七尾兮成是貝錦四十七寑彼譖人者亦已大甚四十七寑此章以平上通爲一韻

哆古音昌果反後人混入九麻四紙三十五馬三韻兮侈古音昌果反後人誤入四紙韻兮成是南箕七之彼譖人者誰適與

謀音媒

緝緝翩翩二仙謀欲譖人十七眞愼爾言二十二元也謂爾不信二十一震此章以平去通爲一韻捷捷幡幡二十二元謀欲譖言二十二元豈不爾受既其女遷二仙

驕人好好三十二晧勞人草草三十二晧蒼天蒼天一先視彼驕人十七眞矜此勞人見上

彼譖人者（音渚）誰適與謀取彼譖人投畀豺虎（十姥）豺虎不食（二十四職）投畀有北（二十五德）有北不受（四十四有）投畀有昊（三十二晧　謀字不入韻）

楊園之道猗于畝丘（去其反）寺人孟子（六止與下子協見上）作爲此詩（七之）凡百君子敬而聽之（七之　此章亦可通爲一韻）

巷伯七章四章章四句一

章五句一章八句一章六句

習習谷風維風及雨九麌將恐將懼十遇維予與女八語將安將樂女轉棄予九魚八語二韻此章以平上去通爲一韻

習習谷風維風及穨十五灰將恐將懼寘予于懷十四皆將安將樂棄予如遺六脂

習習谷風維山崔嵬十五灰無草不死五旨無木不萎五支忘我大德思我小怨末二句無韻未詳此章以平上通爲一韻

谷風三章章六句

蓼蓼者莪匪莪伊蒿六豪哀哀父母生我劬勞六豪

蓼蓼者莪匪莪伊蔚八未哀哀父母生我勞瘁六至

缾之罄矣維罍之恥六止鮮民之生不如死之久音几矣無父九麌何怙十姥無母滿以反何恃六止一句而二韻出則銜恤六術入則靡至六至此章以上去入通爲一韻

父兮生我母兮鞠一屋我拊我畜一屋我長我育一屋我顧我復一屋我出入腹一屋我欲報之德二十五德昊天罔極二十四職

南山烈烈十七薛飄風發發十月民莫不穀我獨何害十四泰　此章以去入通爲一韻

南山律律六術飄風弗弗八物民莫不穀我獨不卒六術

蓼莪六章四章章四句二章章八句

有饛簋飧有捄棘匕五旨周道如砥四紙五旨二韻其直如矢五旨君子所履

五旨

小人所視五旨睠言顧之潸焉

出涕十一薺

小東大東一東杼柚其空一東糾糾

葛屨可以履霜十陽佻佻公子行

彼周行戶郎反既往既來十六咍使我心

疚音几此章以平上通爲一韻

有冽氿泉二仙無浸穫薪十七眞契契

寤歎二十五寒哀我憚人十七眞薪是穫薪

見上尚可載十九代也哀我憚人見上亦

可息二十四職也此章以去入通爲一韻

東人之子六止職勞不來十六咍西人

之子見上粲粲衣服蒲北反舟人之子

見上熊羆是裘渠之反私人之子見上百

僚是試七志此章以平上去入通爲一韻

或以其酒不以其漿十陽鞙鞙佩

璲不以其長十陽維天有漢監亦

有灮十一唐跂彼織女終日七襄十陽雖則七襄見上不成報章十陽睆彼牽牛不以服箱十陽東有啟明彌郎反西有長庚音岡有捄天畢載施之行戶郎反

維南有箕不可以簸揚十陽維北有斗不可以挹酒漿十陽維南有箕載翕其舌十七薛維北有斗西柄

之揭十七薛

大東七章章八句

四月維夏音戶六月徂暑八語先祖匪人胡寧忍予九魚八語二韻

秋日淒淒十二齊百卉具腓八微亂離瘼矣爰今本作奚古本並作爰左氏宣十二年傳引此亦作爰杜氏註爰於也言禍亂憂病於何所歸乎朱子依家語改作奚其適歸八微

冬日烈烈十七薛飄風發發十月民莫

不穀我獨何害十四泰此章以去入通爲一韻山有嘉卉七尾侯栗侯梅十五灰廢爲殘賊莫知其尤羽其反此章以平上通爲一韻相彼泉水載清載濁古音直谷反考濁字詩一見孟子一見並同後人混入四覺韻我日構禍曷云能穀一屋滔滔江漢南國之紀六止盡瘁以仕六止寧莫我有音以匪鶉釋文鶉一作鷻當從之匪鳶二仙翰飛戾天

一先

匪鱣匪鮪潛逃于淵一先

山有蕨薇八微隰有杞桋六脂君子

作歌維以告哀十六咍

四月八章章四句

小旻之什十篇六十五

章四百十四句

詩本音卷之七

小雅

陟彼北山言采其杞六止偕偕士子六止朝夕從事七志王事靡盬憂我父母滿以反此章以上去通爲一韻

溥天之下音戶莫非王土十姥率土之濱十七眞莫非王臣十七眞大夫不均十八諄我從事獨賢一先

四牡彭彭音旁王事傍傍十一唐嘉我

未老鮮我方將十陽旅力方剛十一唐

經營四方十陽

或燕燕居息二十四職或盡瘁事國二十五德

或息偃在牀十陽或不已于行戶郎反

或不知叫號六豪或慘慘劬勞六豪

或棲遲偃仰三十六養或王事鞅掌三十六養

或湛樂飲酒四十四有或慘慘畏咎四十四有

或出入風議（魚賀反）或靡事不爲（音譌　此章以平去通爲一韻）

北山六章三章章六句三章章四句

無將大車祇自塵（十七眞）兮無思百憂祇自疷（宋劉彝曰疷當作疧病也音民按唐石經此字作疷从氏唐人避太宗諱凡字从民者皆省而爲氏今人書昬爲昏猶其遺法也張參五經文字愍字下云緣廟諱偏旁準式省從氏凡汦昏之類皆從氏又珉字下云莫巾反禮記作琘是其例也後人不解遂以爲白華俾我疷兮之疷或乃於氏下又添一畫而讀爲抵則誤之甚矣按說

文亦本無疷字　元戴侗曰疷武巾反又上聲亦作痻桑柔多我覯痻即此字也　按唐人廟諱之式見於張參五經文字者灼然如此而世儒多莫之見也書康誥天惟與我民彝大泯亂唐石經作泯而趙宧光讀之爲直尼切曰泯著止也此與無將大車之疷何異哉　又按漢張衡思玄賦思百憂以自疹未知衡所讀經爲疹乎抑衡自以協韻而改之也漢人所傳經本字多不同且在蔡邕未正之先恐或有之兮

無將大車維塵冥冥十五青無思百憂不出于熲四十一迥此章以平上通爲一韻

無將大車維塵雝三鍾兮無思百憂祇自重三鍾二腫三用三韻兮

無將大車三章章四句

明明上天一先與西協照臨下土十姥我

征徂西古音先後人誤入十二齊韻至于艽野神與反二

月初吉載離寒暑八語心之憂矣

其毒大苦十姥念彼共人涕零如

雨九麌豈不懷歸畏此罪罟十姥

昔我往矣日月方除九魚九御二韻曷云

其還歲聿云莫十一暮念我獨兮我

事孔庶九御音豫心之憂矣憚我不暇念彼共人睠睠懷顧十一暮豈不懷歸畏此譴怒十姥十一暮二韻

昔我往矣日月方奧三十七号曷云其還政事愈蹙一屋歲聿云莫采蕭穫菽一屋心之憂矣自詒伊戚二十三錫念彼共人興言出宿四十九宥一屋二韻豈不懷歸畏此反覆四十九宥一屋二韻此章以去入通爲一韻

嗟爾君子無恆安處八語靖共爾位正直是與八語神之聽之式穀以女八語

嗟爾君子無恆安息二十四職靖共爾位好是正直二十四職神之聽之介爾景福方墨反

小明五章三章章十二句二章章六句

鼓鍾將將十陽淮水湯湯十陽憂心
且傷十陽淑人君子懷允不忘十陽
鼓鍾喈喈十四皆淮水湝湝十四皆憂心
且悲六脂淑人君子其德不回十五灰
鼓鍾伐鼛六豪淮有三洲十八尤憂心
且妯十八尤淑人君子其德不猶十八尤
鼓鍾欽欽二十一侵鼓瑟鼓琴二十一侵笙磬
同音二十一侵以雅以南二十二覃以籥不僭

五十六㮹此章以平去通爲一韻

鼓鍾四章章五句

楚楚者茨六脂言抽其棘二十四職自昔何爲我蓺黍稷二十四職我黍與與我稷翼翼二十四職我倉既盈我庾維億二十四職以爲酒食七志二十四職二韻以饗以祀六止以妥以侑古音以後人混入四十九宥韻以介景福方墨反

此章以平上入通爲一韻

濟濟蹌蹌十陽絜爾牛羊十陽以往烝嘗十陽或剝或亨古音普郎反考亨字詩凡二見禮記一見竝同後人混入十二庚韻或肆或將十陽祝祭于祊古音方後人混入十二庚韻祀事孔明彌郎反先祖是皇唐十一神保是饗三十六養孝孫有慶古音羌考慶字詩凡七見書一見易十二見儀禮二見禮記一見竝同顏師古曰古慶字多與羌同用後人混入四十三映韻報以介福萬壽無疆十陽此章以平上通為一韻

執爨踖踖二十二昔為俎孔碩二十二昔或燔

或炙四十禡二十二答二韻君婦莫莫十一暮十九鐸二韻爲

豆孔庶九御爲賓爲客二十陌獻酬交

錯十一暮十九鐸二韻禮儀卒度十一暮十九鐸二韻笑語卒

獲二十一麥神保是格二十陌報以介福萬

壽攸酢十九鐸此章以去入通爲一韻

我孔熯二十八獮矣式禮莫愆二仙工祝

致告徂賚孝孫二十三魂苾芬孝祀六止

神嗜飲食七志二十四職二韻卜爾百福方墨反如

幾如式二十四職既齊既稷二十四職既匡既

敕唐石經作勑二十四職永錫爾極二十四職時萬時

億二十四職此章以平上以上入通爲一韻

禮儀既備六至鍾鼓既戒十六怪孝孫

徂位六至工祝致告神具醉止六止

皇尸載起六止鼓鍾送尸六脂神保

聿歸八微諸宰君婦廢徹不遲六脂

諸父兄弟備言燕私六脂此章亦可通爲一韻告字不入

韻

樂具入奏古音則故反考奏字詩凡三見並同後人混入五十候韻以綏後祿一屋爾殽既將十陽音羌莫怨具慶既醉既飽三十一巧小大稽首四十四有神嗜飲食使君壽考三十二晧孔惠孔時維其盡十六軫之子子孫孫勿替引之十六軫此章以去入通爲一韻

楚茨六章章十二句

信彼南山二十八山維禹甸三十二霰之畇畇原隰曾孫田一先之我疆我理六止南東其畝滿以反此章以平去通爲一韻

上天同雲二十文雨雪雰雰二十文益之以霡霂一屋既優既渥古音屋考渥字詩一見易一見並同後人混入四覺韻既霑既足三燭生我百穀一屋

疆埸翼翼二十四職黍稷彧彧古音于逼反後人誤入一屋韻曾孫之穡二十四職以爲酒食二十四職畀我

尸賓十七眞壽考萬年一先
中田有廬九魚疆埸有瓜音孤是剝
是菹九魚獻之皇祖十姥曾孫壽考
受天之祜十姥此章以平上通爲一韻
祭以清酒四十四有從以騂牡莫九反享于
祖考三十二晧執其鸞刀六豪以啟其毛
六豪取其血膋三蕭此章以平上通爲一韻
是烝是享三十六養苾苾芬芬祀事孔

明（彌郎反）先祖是皇（十一唐）報以介福萬壽無疆（十陽此章以平上通爲一韻）

信南山六章章六句

倬彼甫田（一先）歲取十千（一先）我取其陳（十七眞）食我農人（十七眞）自古有年（一先）今適南畝（滿以反）或耘或耔（六止）黍稷薿薿（六止）攸介攸止（六止）烝我髦士（六止）

以我齊明（彌郎反）與我犧羊（十陽）以社
以方（十陽）我田既臧（十一唐）農夫之慶
（音羌）琴瑟擊鼓（十姥）以御田祖（十姥）以
祈甘雨（九麌）以介我稷黍（八語）以穀
我士女（八語）
曾孫來止（六止）以其婦子（六止）饁彼
南畝（滿以反）田畯至喜（六止）攘其左右
（音以）嘗其旨否（五旨）禾易長畝（見上）終

善且有（音以）曾孫不怒農夫克敏（古音每考敏字詩凡二見並同後人誤入十六軫韻）

曾孫之稼（音古與庚協）如茨如梁（十陽）曾孫之庾（九麌）如坻如京（音疆）乃求千斯倉（十一唐）乃求萬斯箱（十陽）黍稷稻粱（十陽）農夫之慶（音羌）報以介福萬壽無疆（十陽）

甫田四章章十句

大田多稼既種既戒十六怪既備乃
事七志以我覃耜六止俶載南畝滿以反一
播厥百穀一屋既庭且碩二十二昔曾孫
是若十八藥此章以上去通爲一韻
既方既皁三十二晧既堅既好三十二晧不稂
不莠四十四有去其螟螣二十五德及其蟊賊
二十五德無害我田穉六至田祖有神秉
畀炎火音毀此章以上去入通爲一韻

有渰萋萋十二齊興雨祁祁六脂雨我公田遂及我私六脂彼有不穫穉六至此有不斂穧十二霽彼有遺秉此有滯穗六至伊寡婦之利六至此章以平去通爲一韻

曾孫來止六止以其婦子六止饁彼南畝滿以反田畯至喜六止來方禋祀六止以其騂黑二十五德與其黍稷二十四職以享以祀見上以介景福方墨反此章以上入通爲一韻

大田四章二章章八句二章章九句

瞻彼洛矣六止維水泱泱君子至止六止福祿如茨六脂韎韐有奭以作六師六脂　此章以平上通爲一韻

瞻彼洛矣見上與止協維水泱泱君子至止見上鞞琫有珌五質君子萬年保其家室五質　此章亦可以上入通爲一韻

瞻彼洛矣見上維水泱泱君子至止見上福祿既同一東君子萬年保其家邦博工反

瞻彼洛矣三章章六句

裳裳者華其葉湑八語兮我覯之子我心寫音湑兮我心寫見上兮是以有譽處八語兮

裳裳者華芸其黃十一唐矣我覯之

子維其有章十陽矣維其有章見上

矣是以有慶音羌矣

裳裳者華或黃或白二十陌我覯之

子乘其四駱十九鐸乘其四駱見上六

轡沃若十八藥

左之左二十三箇之君子宜魚何反之右之

右音以之君子有音以之維其有見上

之是以似六止之此章以平上通爲一韻

裳裳者華四章章六句

北山之什十篇四十六章三百三十四句

交交桑扈十姥有鶯其羽九麌君子樂胥九魚受天之祜十姥此章以平上通爲一韻下章同

交交桑扈見上與胥協有鶯其領四十靜君子樂胥見上萬邦之屏四十靜

之屏之翰二十五寒二十八翰二韻百辟爲憲二十五願

不戩不難此字有二音中谷有蓷常棣音乃丹反匪小毖音乃旦反平去同爲一音此章及隰桑音乃多反禮記月令命國難天子乃難以達秋氣命有司大難竝音乃多反與儺同左傳襄十八年劉難士弱難音乃多反是其證也今韻書止收入二十五寒二十八翰二韻受福不那七歌說文引此作受福不儺石經作那古二音同也

兕觥其觩十八尤旨酒思柔十八尤彼交匪敖六豪三十七号二韻萬福來求十八尤

桑扈四章章四句

鴛鴦于飛畢之羅七歌之君子萬

年福祿宜魚何反之

鴛鴦在梁，戢其左翼二十四職。君子萬年，宜其遐福方墨反。

乘馬在廄，摧之秣之十三末。君子萬年，福祿艾十四泰之此章以去入通爲一韻。

乘馬在廄，秣之摧十五灰。傳曰：摧，莝也。但訓字義，陸氏遂以摧字音采臥反，則與綏不協，當從本音之。君子萬年，福祿綏六脂之。

頍弁四章章四句

有頍者弁實維伊何七歌爾酒既旨爾殽既嘉九麻豈伊異人兄弟匪他七歌蔦與女蘿七歌施于松柏二十陌未見君子六止與下子協憂心奕奕二十二昔既見君子見上庶幾說懌二十二昔

有頍者弁實維何期七之爾酒既旨爾殽既時七之豈伊異人兄弟

具來十六哈蔦與女蘿施于松上三十六養四十一漾二韻未見君子六止憂心怲怲古音補往反後人混入三十八梗四十三映二韻既見君子見上庶幾有臧十一唐此章以平上通爲一韻

有頍者弁實維在首四十四有爾酒既旨爾殽既阜四十四有豈伊異人兄弟甥舅四十四有如彼雨雪先集維霰三十二霰死喪無日無幾相見三十二霰樂酒今

夕君子維宴三十二霰

頍弁三章章十二句

間關車之舝十五鎋兮思孌季女逝十三祭兮匪飢匪渴十二曷德音來括十三末雖無好友音以式燕且喜六止此章以去入通爲一韻亦可通下二句爲一韻

依彼平林有集維鷮四宵辰彼碩女令德來教三十六效式燕且譽九魚九御二韻

好爾無射轉音豫見叔于田此章以平去以去入通爲一韻

雖無旨酒四十四有與殽協　式飲庶幾八微與下幾協

雖無嘉殽五肴　式食庶幾見上　雖無德與女八語　式歌且舞九麌此章以平上通爲一韻

陟彼高岡析其柞薪十七真　析其柞薪見上二薪字自爲韻　其葉湑八語兮鮮我覯爾我心寫音湑兮

高山仰三十六養止景行行戶郎反止

四牡

騑騑六轡如琴（二十一侵）覯爾新昏以慰我心（二十一侵　此章以平上通爲一韻）

車舝五章章六句

營營青蠅止于樊（二十二元）豈弟君子無信讒言（二十二元）

營營青蠅止于棘（二十四職）讒人罔極（二十四職）交亂四國（二十五德）

營營青蠅止于榛（十九臻）讒人罔極

構我二人十七眞

青蠅三章章四句

賓之初筵左右秩秩五質與旨偕設逸協籩豆有楚八語殽核維旅八語酒既和旨五旨飲酒孔偕十四皆鍾鼓既設十七薛舉醻逸逸五質大侯既抗四十二宕弓矢斯張十陽射夫既同一東獻爾發功一東發彼有的古音都略反後人誤入二十三錫韻以祈爾爵

十八藥　此章以平上入以平去通爲一韻

籥舞笙鼓十姥樂既和奏則故反烝衎烈祖十姥以洽百禮十一薺百禮既至六至有王有林二十一侵錫爾純嘏子孫其湛二十二覃其湛曰樂各奏爾能十六咍十九代十七登三韻　釋文徐奴代反又奴來反與下文又時爲韻集傳叶上林湛非　考能字詩一見易二見中庸一見楚辭二見並同後人誤入十七登韻賓載手仇毛如字鄭音尌從毛則依兎罝音渠之反可以入韻從鄭則不入韻室人入又音肄酌彼康爵以

奏爾時七之此章以上去通爲一韻者二以平去通爲一韻者一

賓之初筵二仙—溫溫其恭其未醉

六至與下醉協—止威儀反反二十二元二十阮二韻—曰既

醉見上—止威儀幡幡二十二元舍其坐遷

二仙屢舞僊僊二仙—其未醉見上與下醉協—止

威儀抑抑古音於逸反考抑字詩凡二見竝同後人別入二十四職韻—曰既

醉見上—止威儀怭怭五質是曰既醉

見上—不知其秩五質

賓既醉止載號載呶古音奴與豆協後人誤入五肴韻亂我籩豆田故反屢舞僛僛七之是曰既醉不知其郵古音羽其反與尤同後人混入十八尤韻側弁之俄七歌屢舞傞傞七歌既醉而出六術與下出協並受其福方墨反醉而不出見上二出字亦可通福德爲一韻是謂伐德二十五德飲酒孔嘉九麻維其令儀音俄此章以平去通爲一韻凡此飲酒或醉或否五旨既立之

監或佐之史六止彼醉不臧不醉

反恥六止式勿從謂八未無俾大怠

十五海匪言勿言二十二元與下言協匪由勿語八語

由醉之言見上俾出童羖十姥三爵

不識七志二十四職二韻矧敢多又音肄此章以上去通爲一韻

賓之初筵五章章十四句

魚在在藻三十二晧有頒其首四十四有王在

在鎬三十二晧豈樂飲酒四十四有

魚在在藻見上與鎬協有莘其尾七尾王在在鎬見上飲酒樂豈十五海

魚在在藻見上依于其蒲十一模王在在鎬見上有那其居九魚

魚藻三章章四句

采菽采菽筐之筥八語之君子來朝何錫予八語之雖無予見上之路車乘馬音姥又何予見上之玄袞及

黼九麌

觱沸檻泉二仙言采其芹二十一殷君子來朝言觀其旂音芹一其旂淠淠十三祭鸞聲嘒嘒十二霽載驂載駟六至君子所屆十六怪

赤芾在股十姥邪幅在下音戶彼交匪紓九魚天子所予九魚八語二韻一樂只君子六止與下子協一天子命彌吝反之一樂只君子

見上

福祿申之十七眞此音以平去通爲一韻

維柞之枝其葉蓬蓬一東樂只君子六止與下子協殿天子之邦博工反樂只君子見上萬福攸同一東平平左右亦是率從三鍾

汎汎楊舟紼纚維六脂之樂只君子六止天子葵六脂之樂只君子見上福祿膍六脂之優哉游哉亦是戾

十二霽矣此章以平上去通爲一韻

采菽五章章八句

騂騂角弓，翩其反二十阮矣。兄弟昏姻，無胥遠二十阮矣。

爾之遠見上矣，民胥然二仙矣。爾之教二十六效矣，民胥傚二十六效矣。此章以平上通爲一韻

此令兄弟十一薺與下弟協，綽綽有裕十遇。不令兄弟見上，交相爲瘉十虞九麌二韻此章以平去通爲一韻

民之無良十陽相怨一方十陽受爵不讓四十一漾至于已斯亾十陽此章以平去通爲一韻

老馬反爲駒十虞不顧其後音戶如食宜饇十遇如酌孔取八語此章以平上去通爲一韻

毋教猱升木音慕一屋轉如塗塗附十遇

君子有徽猷小人與屬三燭轉音樹此章以去入通爲一韻

雨雪瀌瀌四宵見晛曰消四宵莫肯

下遺式居婁驕四宵

雨雪浮浮十八尤見晛曰流十八尤如蠻

如髦六豪即書牧誓庸蜀羌髳之髳我是用憂十八尤

角弓八章章四句

有菀者柳不尚息二十四職焉上帝甚

蹈無自暱古音匿後人別入五質韻焉俾予靖之

後予極二十四職焉

有菀者柳不尚愒十三祭焉上帝甚

蹈無自瘵（十六怪）焉俾予靖之後予邁（十七夬）焉

有鳥高飛亦傅于天（一先）彼人之心于何其臻（十九臻）曷予靖之居以凶矜（古音居銀反考矜字詩凡三見何草不黃音鰥此章與桑柔竝居銀反後人誤入十六蒸韻）

菀柳三章章六句

桑扈之什十篇四十三章二百八十二句

彼都人士狐裘黃黃十一唐其容不改出言有章十陽行歸于周萬民所望十陽

彼都人士臺笠緇撮十三末彼君子女綢直如髮十月我不見兮我心不說十七薛

彼都人士充耳琇實五質彼君子女謂之尹吉五質我不見兮我心

苑結十六屑

彼都人士垂帶而厲十三祭彼君子

女卷髮如蠆十七夬我不見兮言從

之邁十七夬

匪伊垂之帶則有餘九魚匪伊卷

之髮則有旟九魚我不見兮云何

盱十虞矣

都人士五章章六句

終朝采綠三燭不盈一匊一屋　疑當別爲臼字說見唐韻正二沃部篤字下予髮曲局三燭薄言歸沐一屋

終朝采藍二十三談不盈一襜二十四鹽五日爲期六日不詹二十四鹽

之子于狩四十九宥與釣協言韔其弓音肱之子于釣三十四嘯言綸之繩十六蒸

其釣維何維魴及鱮八語維魴及鱮見上薄言觀者音渚

采綠四章章四句

芃芃黍苗四宵陰雨膏六豪三十七号二韻之悠悠南行召伯勞六豪三十七号二韻之

我任我輦我車我牛古音疑考牛字詩凡三見易一見左傳一見楚辭三見竝同後人混入十八尤韻我行既集蓋云歸哉十六咍

我徒我御九御我師我旅八語我行既集蓋云歸處八語此章以上去通爲一韻

肅肅謝功召伯營清十四之烈烈征師召伯成清十四之原隰既平庚十二泉流既清清十四召伯有成清十四王心則寧青十五

黍苗五章章四句

隰桑有阿七歌其葉有難乃多反說見桑扈既見君子其樂如何七歌

隰桑有阿其葉有沃二沃既見君

子云何不樂十九鐸

隰桑有阿其葉有幽二十幽既見君子德音孔膠五肴

心乎愛十九代矣遐不謂八未矣中心藏十一唐之何日忘十陽之

隰桑四章章四句

白華菅兮白茅束三燭兮之子之遠俾我獨一屋兮

英英白雲露彼菅茅五肴天步艱
難之子不猶十八尤
滮池北流浸彼稻田一先嘯歌傷
懷念彼碩人十七眞
樵彼桑薪十七眞與人協卬烘于煁二十一侵維
彼碩人十七眞實勞我心二十一侵
鼓鍾于宮聲聞于外十四泰念子懆
懆韓詩及說文竝作怖怖乎吠反入韻今作懆懆不入韻視我邁邁十七夬

有鶖在梁有鶴在林二十一侵維彼碩
人實勞我心二十一侵
鴛鴦在梁十陽與良協戢其左翼二十四職之
子無良十陽二三其德二十五德
有扁斯石履之卑五支兮之子之
遠俾我疷五支廣韻巨支反病也俗本有从氐者韻書無此字兮

白華八章章四句

緜蠻黃鳥止于丘阿七歌道之云

遠我勞如何（七歌）飲之食（七志二十四職二韻）之

教之誨（十八隊）之命彼後車謂之載

（十九代）之

緜蠻黃鳥止于丘隅（十虞）豈敢憚

行畏不能趨（十虞）飲之食（見上）之教

之誨（見上）之命彼後車謂之載（見上）

之

緜蠻黃鳥止于丘側（二十四職）豈敢憚

行畏不能極二十四職飲之食見上之敎之誨見上之命彼後車謂之載見上之此章亦可通爲一韻

緜蠻三章章八句

幡幡瓠葉采之亨普郎反之君子有酒酌言嘗十陽之

有兔斯首四十四有與酒協炮之燔二十二元之君子有酒四十四有酌言獻二十五願之此章以平去通爲一韻

有兔斯首見上燔之炙二十二昔之君子

有酒見上酌言酢十九鐸之

有兔斯首見上燔之炮五肴之君子

有酒見上酌言醻十八尤之

瓠葉四章章四句

漸漸之石維其高六豪矣山川悠

遠維其勞六豪矣武人東征不皇今本作遑依唐石經及國子監注疏本改正下章同

朝四宵矣

漸漸之石維其卒十一沒矣山川悠遠曷其沒十一沒矣武人東征不皇出六術矣

有豕白蹢烝涉波八戈矣月離于畢俾滂沱七歌矣武人東征不皇他七歌矣

漸漸之石三章章六句

苕之華芸其黄十一唐矣心之憂矣

維其傷 十陽 矣

苕之華其葉青青 十五青 知我如此

不如無生 十二庚

牂羊墳首 四十四有 三星在罶 四十四有 人可

以食鮮可以飽 三十一巧

苕之華三章章四句

何草不黃 十一唐 何日不行 戶郎反 何人

不將 十陽 經營四方 十陽

何草不玄一先何人不矜本居銀反今讀爲鰥入二十八山韻禮記王制老而無妻者謂之矜禮運矜寡孤獨廢疾者竝讀爲鰥哀我征夫獨爲匪民十七眞

匪兕匪虎十姥率彼曠野神與反哀我征夫朝夕不暇音豫　此章以上去通爲一韻

有芃者狐十一模與車協率彼幽草三十二晧有棧之車九魚行彼周道三十二晧

何草不黃四章章四句

都人士之什十篇四十三章二百句

詩本音卷之七終

詩本音卷之八

大雅

文王在上於昭于天一先周雖舊邦其命維新十七眞有周不顯帝命不時七之文王陟降在帝左右音以此章以平上通爲一韻

亹亹文王令聞不已六止陳錫哉周侯文王孫子六止文王孫子見上

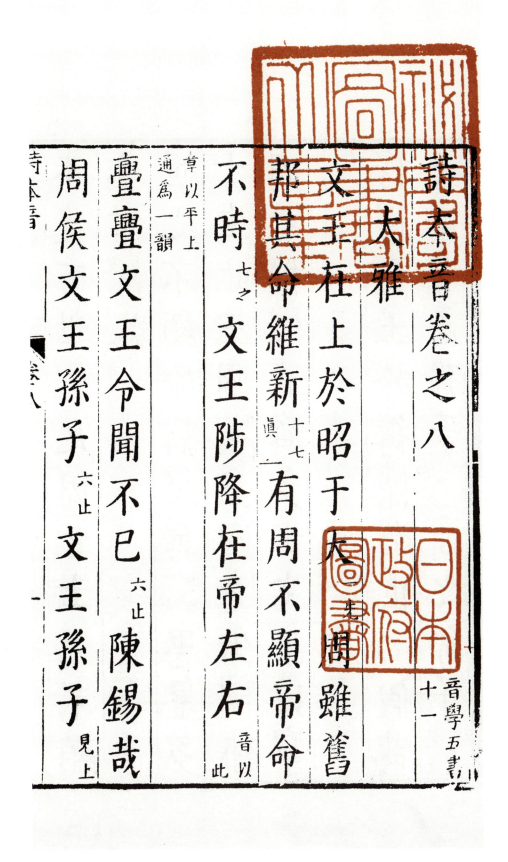

本支百世十三祭凡周之士六止不顯亦世見上此章以上去通爲一韻

世之不顯厥猶翼翼二十四職思皇多士生此王國二十五德王國克生十二庚維周之楨十四清濟濟多士文王以寧十五青

穆穆文王於緝熙敬止六止假哉天命有商孫子六止商之孫子見上

其麗不億二十四職上帝既命侯于周服蒲北反此章亦可通爲一韻侯服于周天命靡常十陽殷士膚敏祼將于京音疆厥作祼將十陽常服黼冔九麌王之藎臣無念爾祖十姥

無念爾祖聿修厥德二十五德永言配命自求多福方墨反殷之未喪師六脂

克配上帝（十二霽）空鑒于殷駿命不易（五寘　此章以平去通爲一韻亦可通上文爲一韻）

命之不易無遏爾躳（一東　躳不與天爲韻陳第引易震上六以躳韻鄰楚辭大招亦以躳韻竆終未敢信闕之）宣昭義問（二十三問）有虞殷自天（一先）上天之載無聲無臭（四十九宥）儀刑文王萬邦作孚（古音浮考孚字詩凡二見竝同後人誤入十一模韻　此章上下俱以平去通爲一韻）

文王七章章八句

明明在下赫赫在上三十六養四十一漾二韻
難忱斯不易維王十陽天位殷適
使不挾四方十陽此章以平去通爲一韻
摯仲氏任自彼殷商十陽來嫁于
周曰嬪于京音疆乃及王季維德
之行戶郎反大任有身生此文王十陽身字不入韻
維此文王小心翼翼二十四職昭事上

帝聿懷多福方墨反厥德不回以受
方國二十五德
天監在下有命既集二十六緝文王初
載天作之合二十七合在洽之陽在渭
之涘六止文王嘉止六止大邦有子
六止
大邦有子見上俔天之妹十八隊文定
厥祥十陽與梁叅協親迎于渭八未造舟爲

梁十陽不顯其光十一唐此章以上去通爲一韻

有命自天一先與莘協命此文王十陽于

周于京音疆纘女維莘十九臻長子維

行戶郎反篤生武王見上保右命爾燮

伐大商十陽

殷商之旅八語與野女協其會如林二十一侵矢

于牧野神與反維予侯興十六蒸說見小戎上帝

臨女八語無貳爾心二十一侵

牧野洋洋十陽檀車煌煌十一唐駟騵彭彭音旁維師尚父時維鷹揚十陽涼彼武王十陽肆伐大商十陽會朝清明彌郎反

大明八章四章章六句四章章八句

緜緜瓜瓞十六屑民之初生自土沮漆五質古公亶父陶復陶穴十六屑未

有家室五質
古公亶父九麌來朝走馬音姥率西
水滸十姥至于岐下音戸爰及姜女
八語聿來胥宇九麌
周原膴膴文選魏都賦註引韓詩作腜莫來反入韻今作膴不入韻堇荼
如飴七之爰始爰謀音媒爰契我龜
六脂曰止曰時七之築室于茲七之
廼慰廼止六止廼左廼右音以廼疆

迺理六止迺宣迺畝滿以反自西徂東周爰執事七志此章以上去通爲一韻迺字依唐石經竝作迺篤公劉篇同

迺召司空迺召司徒十一模俾立室家音姑—其繩則直二十四職縮版以載十九代作廟翼翼二十四職此章以去入通爲一韻

捄之陾陾說文引此作捄之仍仍十六蒸度之薨薨十七登築之登登十七登削屢馮馮十六蒸百堵皆興十六蒸鼛鼓弗勝十六蒸

迺立皋門二十三魂與下門協皋門有伉四十二宕迺立應門見上應門將將十陽迺立冢土戎醜攸行戶郎反此章以平去通爲一韻

肆不殄厥慍二十三問亦不隕厥問二十三問

柞棫拔矣十三末十四黠二韻行道兌矣十四泰混夷駾矣十四泰維其喙矣二十廢此章以去入通爲一韻

虞芮質厥成十四清文王蹶厥生十二庚

予曰有疏附十遇予曰有先後音戶

予曰有奔奏與奏字同當音祖予曰有禦侮

九麌　此章以上去通爲一韻

緜九章章六句

芃芃棫樸薪之槱四十四有之濟濟辟王左右趣倉九反後人誤入四十五厚韻之濟濟辟王十陽左右奉璋十陽奉璋峩峩七歌髦士攸宜魚何反淠彼涇舟烝徒楫二十九葉之周王于

邁六師及二十六緝之

倬彼雲漢爲章于天一先周王壽考遐不作人十七眞

追琢其章十陽金玉其相十陽勉勉我王十陽綱紀四方十陽

棫樸五章章四句

瞻彼旱麓榛楛濟濟十一薺十二霽二韻豈弟君子六止干祿豈弟十一薺十二霽二韻

瑟彼玉瓚黃流在中一東豈弟君
子福祿攸降戶工反
鳶飛戾天一先魚躍于淵一先豈弟
君子遐不作人十七眞
清酒既載十九代騂牡既備六至以享
以祀六止以介景福方墨反此章以上去入通爲一韻
瑟彼柞棫民所燎三十五笑矣豈弟君
子神所勞三十七号矣

莫莫葛藟五旨施于條枚十五灰豈弟君子求福不回十五灰此章以平上通爲一韻

旱麓六章章四句

思齊大任文王之母滿以反思媚周姜京室之婦房以反大姒嗣徽音二十一侵則百斯男二十二覃

惠于宗公一東神罔時怨神罔時恫一東刑于寡妻十二齊至于兄弟十一薺十

二齊二韻 妻弟二字自爲韻如桑中之例以御于家邦博工反 此章以平上通爲一韻

雝雝在宮肅肅在廟三十五笑不顯亦臨無射亦保三十二晧 此章以上去通爲一韻

肆戎疾不殄烈假不瑕不聞亦式不諫亦入無韻

肆成人有德小子有造古之人無斁譽髦斯士無韻

思齊五章二章章六句三章章四句

皇矣上帝臨下有赫二十陌監觀四方求民之莫十九鐸維此二國二十五德與下國協其政毛傳作政朱子從之唐石經依鄭箋作正不獲二十一麥維彼四國見上爰究爰度十九鐸上帝耆之憎其式廓十九鐸乃眷西顧此維與宅二十陌

作之屏 十五青與平協 之其菑其翳 十二霽 修之平 十二庚 之其灌其栵 十三祭 啟之辟 二十二昔與剔協 之其檉其椐 九魚 攘之剔 二十三錫 之其檿其柘 古音之恕反後人混入四十禡韻 帝遷明德 二十五德與配協 串夷載路 十一暮 天立厥配 十八隊 受命既固 十一暮此章以平去以去入通爲一韻 帝省其山柞棫斯拔 十三末十四黠二韻 松柏斯兌 十四泰 帝作邦作對 十八隊 自太伯

王季六至維此王季見上因心則友

音以一則友其兄虛王反則篤其慶音羌載

錫之光十一唐受祿無喪十一唐四十二宕二韻奄

有四方十陽此章以上去入通爲一韻

維此王季帝度其心二十一侵貊其德

音二十一侵其德克明克明克類六至克

長克君王此大邦克順克比五旨六至

二韻比于文王其德靡悔十四賄十八隊二韻既

受帝祉六止施于孫子六止此章以上去通爲一韻

帝謂文王無然畔援二十二元三十三線二韻無

然歆羨三十三線誕先登于岸二十八翰密人

不共三鍾敢距大邦博工反侵阮徂共

三鍾王赫斯怒十姥爰整其旅八語以

按徂旅見上以篤于周祜十姥今本或無于字今從唐

石經及國子監註疏本添以對于天下音戶

依其在京音疆侵自阮疆十陽陟我

高岡十一唐無矢我陵我陵我阿七歌無飲我泉我泉我池音陀度其鮮原居岐之陽十陽在渭之將十陽萬邦之方十陽下民之王十陽帝謂文王予懷明德二十五德不大聲以色二十四職不長夏以革音棘不識不知順帝之則二十五德帝謂文王十陽詢爾仇方十陽同爾兄弟後漢書伏湛傳引此作同爾弟兄兄音虛

王反入韻今作兄弟不入韻一以爾鉤援與爾臨衝三鍾以伐崇墉三鍾臨衝閑閑二十八山崇墉言言二十二元執訊連連二仙攸馘安安二十五寒是類是禡古音暮今四十禡與駕漾等字混爲一韻是致是附十遇四方以無侮九麌臨衝茀茀八物崇墉仡仡九迄是伐是肆六至是絕是忽十一沒四方以無拂八物此章以上去以去入通爲一韻

皇矣八章章十二句

經始靈臺經之營之十四清庶民攻之不日成十四清之經始勿亟七志二十四職二韻庶民子來十六咍王在靈囿古音肄後人混入四十九宥韻麀鹿攸伏古音蒲北反與服同考伏字詩一見易一見禮記一見竝同後人誤入一屋韻　此章以平去入通爲一韻

麀鹿濯濯四覺白鳥翯翯四覺王在靈沼三十小於物魚躍十八藥　此章以上入通爲一韻

虡業維樅三鍾賁鼓維鏞三鍾於論

鼓鍾三鍾於樂辟廱三鍾

於論鼓鍾見上於樂辟廱見上鼉鼓

逢逢古音薄工反後人分四江韻矇瞍奏公一東

靈臺五章章四句仍依毛鄭章句以每章一韻故

也

下武維周世有哲王十陽三后在

天王配于京音疆

王配于京世德作求十八尤永言配命成王之孚音浮成王之孚下土之式二十四職永言孝思孝思維則二十五德媚兹一人應侯順德二十五德永言孝思昭哉嗣服蒲北反昭兹來許八語繩其祖武九麌於萬斯年受天之祜十姥

受天之祜四方來賀三十八箇於萬斯
年不遐有佐三十八箇
下武六章章四句
文王有聲十四清遹駿有聲見上遹求
厥寧十五青遹觀厥成十四清文王烝哉
八章末句合爲一韻說見麟之趾
文王受命有此武功一東旣伐于
崇一東作邑于豐一東文王烝哉

築城伊淢二十四職作豐伊匹五質匪棘其欲禮記引此作猶遹追來孝三十六效王后烝哉此章以平去通爲一韻　元熊朋來曰此詩自有禮記匪革其猶可證乃不改欲字作猶而改孝字音許六反此又失之詩中此與常棣務字二音必須改正

王公伊濯維豐之垣二十二元四方攸同王后維翰二十五寒王后烝哉

豐水東注維禹之績二十三錫四方攸同皇王維辟二十二昔皇王烝哉

鎬京辟廱（三鍾）自西自東（一東）自南自北（二十五德）無思不服（蒲北反）皇王烝哉

考卜維王（十陽）宅是鎬京（音疆）維龜正（十四清四十五勁二韻）之武王成（十四清）之武王烝哉

豐水有芑（六止）武王豈不仕（六止）詒厥孫謀（音媒）以燕翼子（六止）武王烝哉（此章以平上通爲一韻）

文王有聲八章章五句

文王之什十篇六十七章四百一十四句

厥初生民 十七眞 時維姜嫄 二十二元 生民如何克禋克祀 六止 以弗無子 六止 履帝武敏 音侮 按爾雅釋訓以履帝武敏爲句或以歆字屬上讀者非 歆攸介攸止 六止 載震載夙 一屋 載生載育 一屋 夙育不與稷爲韻亦如桑中思齊之例而稷字仍協上文 時維后稷

二十四職　此章以上入通爲一韻

誕彌厥月十月先生如達十二曷不坼

不副古音方二反與富同後人混入四十九宥韻無菑無害十四泰

以赫厥靈十五青上帝不寧十五青不康

禋祀六止居然生子六止　此章以去入通爲一韻

誕寘之隘巷牛羊腓字七志與翼協之

誕寘之平林二十一侵會伐平林見上二林字自爲韻

誕寘之寒冰鳥覆翼二十四職之鳥

乃去八語九御二韻矣后稷呱十一模矣實覃
實訏十虞厥聲載路十一暮此章以去入以平去通爲一韻
誕實匍匐二十五德克岐克嶷二十四職以就
口食七志二十四職二韻蓺之荏菽荏菽旆旆十四泰
禾役穟穟六至麻麥幪幪一東瓜
瓞唪唪一董此章以去入以平上通爲一韻
誕后稷之穡有相之道三十二晧茀厥
豐草三十二晧種之黄茂音耄實方實苞

五肴實種實褎四十九宥實發實秀四十九宥實
堅實好三十二晧實穎實栗五質卽有邰
家室五質此章以平上去通爲一韻
誕降嘉種維秬維秠五旨維穈維
芑六止恆之秬秠見上是穫是畝滿以反
恆之穈芑見上是任是負房以反以歸
肇祀六止
誕我祀如何或舂或揄十八尤或蹂

或蹂十八尤四十四有二韻釋之叜叜蘇九反後人誤入四十五厚韻
爾雅作溞溞郭璞音搔烝之浮浮十八尤載謀載惟
六脂取蕭祭脂六脂取羝以軷十三末載
燔載烈十七薛以興嗣歲十三祭此章以平上以平去入通爲一韻
印盛于豆于豆于登十七登其香始
升十六蒸上帝居歆二十一侵與今協胡臭亶時
七之后稷肇祀六止庶無罪悔十四賄十八隊二韻

以迄于今二十一侵此章以平上通爲一韻

生民八章四章章十句四

章章八句

敦彼行葦七尾牛羊勿踐履五旨方

苞方體十一薺維葉泥泥十一薺戚戚兄

弟十一薺莫遠具爾四紙或肆之筵或

授之几五旨

肆筵設席二十二昔授几有緝御九御或

獻或酢十九鐸洗爵奠斝古音古後人混入三十五馬韻醓醢以薦或燔或炙四十禡二十二昔二韻嘉殽脾臄十八藥或歌或咢十九鐸此章以上去入通爲一韻敦弓既堅一先四鍭既鈞十八諄舍矢既均十八諄序賓以賢一先敦弓既句十九侯十遇二韻按此字當讀平聲音拘既挾四鍭古音胡說見載馳四鍭如樹十遇序賓以不侮九麌此章以平上去通爲一韻曾孫維主九麌酒醴維醹九麌酌以

大斗古音滴主反考斗字詩一見易二見並同後人混入四十五厚韻以祈黃耇音矩黃耇台背十八隊以引以翼二十四職壽考維祺七之以介景福方墨反此章以平去入通爲一韻

行葦四章章八句

既醉以酒既飽以德二十五德君子萬年介爾景福方墨反

既醉以酒爾殽既將十陽君子萬

年介爾昭明彌郎反

昭明有融一東高朗令終一東令終

有俶一屋公尸嘉告二沃

其告維何七歌籩豆靜嘉九麻朋友

攸攝攝以威儀音俄

威儀孔時七之君子有孝子六止孝

子不匱六至永錫爾類六至此章以平上去通爲一韻

其類維何室家之壼二十一混君子萬

年永錫祚胤二十一震此章以上去通爲一韻

其胤維何天被爾祿一屋君子萬

年景命有僕一屋

其僕維何釐爾女士六止釐爾女

士見上從以孫子六止

既醉八章章四句

鳧鷖在涇十五青公尸來燕來寧十五青

爾酒既清十四清爾殽既馨十五青公尸

燕飲福祿來成十四清
鳧鷖在沙九麻公尸來燕來宜魚何反
爾酒既多七歌爾殽既嘉九麻公尸
燕飲福祿來爲音譌
鳧鷖在渚八語公尸來燕來處八語
爾酒既湑八語爾殽伊脯九麌公尸
燕飲福祿來下音戶
鳧鷖在潨一東公尸來燕來宗三鍾

既燕于宗見上福祿攸降戶工反公尸燕飲福祿來崇一東

鳧鷖在亹二十三魂公尸來止熏熏二十文旨酒欣欣二十一殷燔炙芬芬二十文公尸燕飲無有後艱二十八山

鳧鷖五章章六句

假樂君子六止顯顯令德二十五德宜民宜人十七眞受祿于天一先保右命彌吝反

之自天申十七眞之此章以上入以平去通爲一韻

干祿百福力墨反子孫千億二十四職穆穆

皇皇十一唐宜君宜王十陽不愆不忘

十陽率由舊章十陽

威儀抑抑於逸反德音秩秩五質無怨

無惡率由羣匹五質受福無疆十陽

四方之綱十一唐

之綱之紀六止燕及朋友音以百辟

卿士六止媚于天子六止不解于位六至民之攸塈六至此章以上去通爲一韻

假樂四章章六句

篤公劉匪居匪康十一唐迺埸迺疆十陽迺積迺倉十一唐迺裹餱糧十陽于橐于囊十一唐思輯用光十一唐弓矢斯張十陽干戈戚揚十陽爰方啓行戶郎反

篤公劉于胥斯原二十二元既庶既繁

二十二元既順迺宣二仙而無永歎二十五寒陟

則在巘二十阮復降在原見上何以舟

十八尤之維玉及瑤四宵鞞琫容刀六豪此

章以平上通爲一韻

篤公劉逝彼百泉二仙瞻彼溥原

二十二元迺陟南岡十一唐迺覯于京音疆京

師之野神與反于時處處八語于時廬

旅八語于時言言于時語語八語

篤公劉于京斯依〔八微〕蹌蹌濟濟〔十一薺〕俾筵俾几〔五旨〕既登廼依〔見上〕廼造其曹〔六豪〕執豕于牢〔六豪〕酌之用匏〔五肴〕食之飲之君之宗之〔末二句無韻此章以平上通爲一韻〕

篤公劉既溥既長〔十陽〕既景廼岡〔十一唐〕相其陰陽〔十陽〕觀其流泉〔二仙〕其軍三單〔二十五寒〕度其隰原〔二十二元〕徹田爲

糧十陽度其夕陽見上豳居允荒十一唐

篤公劉于豳斯館二十九換涉渭爲亂二十九換取厲取鍛二十九換止基迺理六止爰衆爰有音以夾其皇澗三十諫遡其過澗見上二澗字自爲韻止旅迺密五質芮鞫之即子悉反

篤公劉六章章十句

泂酌彼行潦挹彼注茲七之可以

餴饎七志豈弟君子六止民之父母滿以反　此章以平上去通爲一韻

泂酌彼行潦挹彼注茲見上可以濯罍十五灰豈弟君子見上民之攸歸八微　此章以平上通爲一韻

泂酌彼行潦挹彼注茲見上可以濯溉十九代豈弟君子見上民之攸塈六至　此章以平上去通爲一韻

泂酌三章章五句

有卷者阿（七歌與歌協）飄風自南（二十二覃）豈弟君子來游來歌（七歌）以矢其音（二十一侵）

伴奐爾游（十八尤）矣優游爾休（十八尤）矣豈弟君子俾爾彌爾性似先公酋（十八尤）矣

爾土宇昄章亦孔之厚（音戶）矣豈

弟君子俾爾彌爾性百神爾主
九麌矣
爾受命長十陽矣茀祿爾康十一唐矣
豈弟君子俾爾彌爾性純嘏爾
常十陽矣
有馮有翼二十四職有孝有德二十五德以引
以翼見上豈弟君子四方爲則二十五德
顒顒卬卬十一唐如圭如璋十陽令聞

令望十陽豈弟君子四方爲綱唐十一鳳皇于飛八微翽翽其羽亦集爰止六止藹藹王多吉士六止維君子使六止媚于天子六止此章以平上通爲一韻鳳皇于飛翽翽其羽亦傅于天一先藹藹王多吉人十七眞維君子命彌吝反媚于庶人見上此章以平去通爲一韻鳳皇鳴十二庚與生協矣于彼高岡十一唐梧

桐生十二庚矣于彼朝陽十陽菶菶萋萋十二齊雝雝喈喈十四皆

君子之車九魚與馬協旣庶且多七歌君子之馬音姥旣閑且馳音陀矢詩不多見上維以遂歌七歌此章以平上通爲一韻

卷阿十章六章章五句四章章六句

民亦勞止汔可小康十一唐惠此中

國以綏四方十陽無縱詭隨以謹
無良十陽式遏寇虐憯不畏明彌郎反
柔遠能邇以定我王十陽
民亦勞止汔可小休十八尤惠此中
國以爲民逑十八尤無縱詭隨以謹
惛怓五肴式遏寇虐無俾民憂十八尤
無棄爾勞六豪以爲王休見上
民亦勞止汔可小息二十四職惠此京

師以綏四國二十五德無縱詭隨以謹
罔極二十四職式遏寇虐無俾作慝二十五德
敬慎威儀以近有德二十五德
民亦勞止汔可小愒十三祭惠此中
國俾民憂泄十三祭無縱詭隨以謹
醜厲十三祭式遏寇虐無俾正敗十七夬
戎雖小子而式弘大十四泰
民亦勞止汔可小安二十五寒惠此中

國國無有殘二十五寒無縱詭隨以謹繾綣二十阮式遏寇虐無俾正反二十阮王欲玉女是用大諫三十諫　此章以平上去通爲一韻

民勞五章章十句

上帝板板二十五潸下民卒癉二十五寒出話不然二仙爲猶不遠二十阮靡聖管管二十四緩不實于亶二十三旱猶之未遠見上是用大諫三十諫　此章以平上通爲一韻

天之方難二十八翰無然憲憲二十五願天之方蹶十三祭十月二韻無然泄泄十三祭十七薛二韻辭之輯二十六緝矣民之洽三十一洽矣辭之懌二十二昔矣民之莫十九鐸矣

我雖異事及爾同寮三蕭唐石經及左傳引此竝作寮今本作僚我即爾謀聽我嚻嚻四宵六豪二韻我言維服勿以爲笑三十五笑先民有言詢于芻蕘四宵此章以平去通爲一韻

天之方虐（十八藥）無然謔謔（十八藥）老夫灌灌小子蹻蹻（三十小十八藥二韻）匪我言耄（三十七号）爾用憂謔（見上）多將熇熇（十九鐸）不可救藥（十八藥此章以去入通爲一韻）

天之方懠（十二霽）無爲夸毗（六脂）威儀卒迷（十二齊）善人載尸（六脂）民之方殿屎（六脂）則莫我敢葵（六脂）喪亂蔑資（六脂）曾莫惠我師（六脂此章以平去通爲一韻）

天之牖民如壎如篪 五支 如璋如圭 十二齊 如取如攜 十二齊 攜無曰益 二十二昔 牖民孔易 五寘二十二昔二韻 民之多辟 二十二昔 無自立辟 見上此章亦可以平入通爲一韻

价人維藩 二十二元 大師維垣 二十二元 大邦維屏 十五青與寧城協 大宗維翰 二十五寒二十八翰二韻 懷德維寧 十五青 宗子維城 十四清 無俾城壞 十六怪 無獨斯畏 八未

敬天之怒十姥十一暮二韻無敢戲豫九御敬天之渝十虞無敢馳驅十虞昊天曰明彌郎反及爾出王十陽昊天曰旦二十八翰及爾游衍二十八獮三十三線二韻此章以平去通爲一韻

板八章章八句

生民之什十篇六十一章四百三十三句

詩本音卷之九

大雅

蕩蕩上帝（十二齊）下民之辟（二十二昔）疾威上帝（見上）其命多辟（見上）天生烝民其命匪諶（二十一侵）靡不有初鮮克有終（一東 說見七月此章以去入通爲一韻）

文王曰咨咨女殷商曾是彊禦曾是掊克（二十五德）曾是在位（六至）曾是

在服蒲北反天降滔德二十五德　唐石經作滔嚴氏詩緝引李氏曰如滔天之滔今本作慆女興是力二十四職　此章以去入通爲一韻

文王曰咨咨女殷商而秉義類六至彊禦多懟六至流言以對十八隊寇攘式內十八隊侯作侯祝四十九宥一屋二韻靡届靡究四十九宥

文王曰咨咨女殷商女炰烋于中國二十五德斂怨以爲德二十五德不明爾

德（見上）時無背無側（二十四職）爾德不明（彌郎反）以無陪無卿（古音羌考卿字詩一見左傳一見楚辭一見竝同後人混入十二庚韻）

文王曰咨咨女殷商天不湎爾以酒不義從式（二十四職）旣愆爾止（六止）靡明靡晦（十八隊）式號式呼（十一模十一暮二韻）俾晝作夜（音豫此章以上去入通爲一韻）

文王曰咨咨女殷商（十陽上下章商字不入韻獨此一章皆

陽唐二韻則商字亦不期而自合矣古人之學所以取之左右逢其原而不容於執一也

如蜩如螗十一唐如沸如羹音岡小大近喪十一唐四十二宕二韻

人尚乎由行戶郎反內奰于中國覃及鬼方十陽

文王曰咨咨女殷商匪上帝不時七之殷不用舊古音忌　考舊字詩凡二見並同後人混入四十九宥韻

雖無老成人尚有典刑十五青曾是莫聽十五青大命以傾十四清　此章以平去通爲一韻

文王曰咨咨女殷商人亦有言顛沛之揭十三祭十月十七薛三韻枝葉未有害十四泰本實先撥十三末殷鑒不遠在夏后之世十三祭　此章以去入通爲一韻

蕩八章章八句

抑抑威儀維德之隅十虞人亦有言靡哲不愚十虞庶人之愚見上亦職維疾五質哲人之愚見上亦維斯

戾十二霽此章以去入通爲一韻

無競維人四方其訓二十三問之有覺

德行四國順二十二稕之訏謨定命遠

猶辰告敬慎威儀維民之則四句惟命字可韻餘三句無韻

其在于今興迷亂于政四十五勁與刑協顛

覆厥德荒湛于酒四十四有女雖湛樂

從弗念厥紹三十小罔敷求先王克

其明刑十五青　如車攻五章之例　此章以平去通爲一韻

肆皇天弗尚十陽四十一漾二韻如彼泉流今本誤作流泉依唐石經及國子監註疏本改正無淪胥以亡十陽夙興

夜寐六至洒埽廷內十八隊　寐內二字自爲韻維民

之章十陽修爾車馬弓矢戎兵必良反

用戒戎作用逷蠻方十陽

質爾人民謹爾侯度十一暮用戒不

虞十虞愼爾出話敬爾威儀音俄無

不柔嘉九麻白圭之玷五十一忝尚可磨八戈也斯言之玷見上與下玷協不可爲音譌也此章以平去通爲一韻

無易由言無曰苟矣首二句無韻莫捫朕舌十七薛言不可逝十三祭矣無言不讎十八尤無德不報三十七号惠于朋友音以庶民小子六止子孫繩繩十六蒸萬民靡不承十六蒸此章以去入以平去通爲一韻

視爾友君子輯柔爾顔二十七刪不遐有愆二仙相在爾室尚不愧于屋漏古音路考漏字詩一見易一見竝同後人混入五十候韻無曰不顯莫予云覯古音故後人混入五十候韻神之格二十陌思不可度十一暮十九鐸二韻思矧可射轉音豫見叔于田思此章以去入通爲一韻

辟爾爲德二十五德與止協俾臧俾嘉九麻淑慎爾止六止不愆于儀音俄不僭不

賊二十五德鮮不爲則二十五德投我以桃報之以李六止彼童而角實虹小子六止此章以上入通爲一韻

荏染柔木言緡之絲七之溫溫恭人維德之基七之其維哲人十七眞告之話言二十二元順德之行其維愚人見上覆謂我僭五十六㮇民各有心五十一侵此章以平去通爲一韻

於乎小子六止未知臧否五旨匪手攜之七之言示之事七志匪面命之見上言提其耳六止借曰未知五支亦既抱子見上民之靡盈十四清誰夙知而莫成十四清此章以平上去通爲一韻

昊天孔昭四宵我生靡樂三十六效十九鐸二韻視爾夢夢我心慘慘當作懆三十二晧誨爾諄諄聽我藐藐三十小四覺二韻匪用爲教

三十六效覆用爲虐十八藥借曰未知亦聿既耄三十七号此章以平上去入通爲一韻於乎小子六止告爾舊止六止聽用我謀音媒庶無大悔十四賄十八隊二韻天方艱難曰喪厥國二十五德取譬不遠昊天不忒二十五德回遹其德二十五德俾民大棘二十四職此章亦可以平上入通爲一韻

抑十二章三章章八句九

章章十句

菀彼桑柔十八尤與劉憂協其下侯旬十八諄捋

采其劉十八尤瘼此下民十七眞不殄心

憂十八尤倉兄塡一先文音塵釋兮凡詩人之句如意盡而文不足則加一兮字此章倉兄塡兮之類是也意盡而文有餘則去一兮字葛生予美亡此誰與獨旦之類是也其他語助之辭皆然倬

彼昊天一先寧不我矜居銀反

四牡騤騤六脂與夷黎哀協旟旐有翩二仙亂

生不夷六脂靡國不泯十七眞十六軫二韻民靡

有黎十二齊具禍以燼二十一震於乎有哀十六咍國步斯頻十七眞此章以平去通爲一韻

國步蔑資六脂與疑維階協天不我將十陽靡所止疑七之云徂何往三十六養君子實維六脂秉心無競古音其亮反後人混入四十三映韻誰生厲階十四皆至今爲梗古音古盎反今三十八梗與告打等字混爲一韻此章以平上去通爲一韻

憂心慇慇二十一殷與辰瘖協念我土宇九麌我

生不辰十七眞逢天僤怒十姥十一暮二韻自西徂東靡所定處八語多我覯痻十七眞孔棘我圉八語上二章俱一句一韻上下各協獨此章東字不可韻此見古人之文以意爲主而不屑屑於音節之疎密小有出入終不以韻而害意也

爲謀爲毖六至與恤熱協亂況斯削十八藥轉音肖告爾憂恤六術誨爾序爵十八藥轉音醮誰能執熱十七薛逝不以濯四覺轉音直孝反其何能淑一屋轉音殊料反載胥及溺十八藥二十三錫二韻轉音奴弔反

此章以去入通爲一韻

如彼遡風方凡反與心協亦孔之僾十九代民有肅心二十一侵荓云不逮十九代好是稼穡二十四職力民代食二十四職稼穡維寶三十二晧代食維好三十二晧

天降喪亂滅我立王十陽降此蟊賊二十五德與國力協稼穡卒痒十陽哀恫中國二十五德具贅卒荒十一唐靡有旅力二十四職以

念穹蒼十一唐

維此惠君民人所瞻首二句無韻　宋吳棫韻補讀瞻爲諸良切引漢溧陽長潘乾校官碑以瞻爲彰崔駰反都賦以瞻爲障二證愚未敢以爲然考潘乾碑文末云永世支百民人所彰子子孫孫俾爾熾昌則固未嘗作瞻也秉心宣猶考慎其相十陽四十一漾二韻

維彼不順自獨俾臧十一唐自有肺腸十陽俾民卒狂十陽

瞻彼中林二十一侵與譖協甡甡其鹿一屋朋友已譖五十二沁不胥以穀一屋人亦有

言進退維谷一屋三燭二韻此章以平去通爲一韻

維此聖人十七眞與下人協瞻言百里六止維

彼愚人見上覆狂以喜六止匪言不

能胡斯畏忌七志此章以上去通爲一韻

維此良人弗求弗迪二十三錫轉音徒弔反維

彼忍心是顧是復一屋轉音扶究反民之貪

亂寧爲荼毒二沃轉音徒到反

大風有隧有空大谷一屋三燭二韻維此

良人作爲式穀一屋維彼不順征以中垢古音古考垢字詩一見左傳一見並同後人混入四十五厚韻此章以上入通爲一韻

大風有隧六至貪人敗類六至聽言則對十八隊誦言如醉六至匪用其良覆俾我悖十八隊

嗟爾朋友予豈不知而作十九鐸如彼飛蟲時亦弋獲二十一麥既之陰女反予來赫二十陌

民之罔極（二十四職）職涼善背（十八隊）爲民不利如云不克（二十五德）民之回遹職競用力（二十四職此章以去入通爲一韻）

民之未戾（十二霽與詈協）職盜爲寇（古音苦故反與予協後人混入五十候韻）涼（唐石經作諒與上章異）曰不可（三十三哿與歌協）覆背善詈（五寘）雖曰匪予（九魚八語二韻）既作爾歌（七歌此章以平去以平上通爲一韻）

桑柔十六章八章章八句

八章章六句

倬彼雲漢昭回于天 一先 王曰於乎何辜今之人 十七眞 天降喪亂饑饉薦臻 十九臻 靡神不舉靡愛斯牲 十二庚 圭璧既卒寧莫我聽 十五青 旱既大甚蘊隆蟲蟲 一東 不殄禋祀自郊徂宮 一東 上下奠瘞靡神不宗 三鍾 后稷不克上帝不臨 二十一侵

說見七月　宋吳棫韻補臨良中切皇矣臨衝韓詩作隆衝漢司馬相如長門賦奉虛言而望誠兮期城南之離宮脩薄具而自設兮君曾不肎兮幸臨

耗斁下土寧丁我躬一東

旱既大甚則不可推十五灰兢兢業業如霆如雷十五灰周餘黎民靡有孑遺六脂昊天上帝則不我遺見上胡不相畏先祖于摧十五灰

旱既大甚則不可沮八語赫赫炎炎云我無所八語大命近止靡瞻

靡顧十遇羣公先正則不我助九御父母先祖十姥胡寧忍予九魚八語二韻此章以上去通爲一韻

旱既大甚滌滌山川二仙旱魃爲虐如惔如焚二十文我心憚暑憂心如熏二十文羣公先正則不我聞二十文昊天上帝寧俾我遯二十六慁此章以平去通爲一韻

旱既大甚黽勉畏去九御胡寧瘨

我以旱憯不知其故（十一暮）祈年孔夙方社不莫（十一暮）昊天上帝則不我虞（十虞）敬恭明神宜無悔怒（十姥十一暮二韻此章以平去通爲一韻）

旱既大甚散無友紀（六止）鞫哉庶正疚哉冢宰（十五海）趣馬師氏（四紙）膳夫左右（音以）靡人不周無不能止（六止）

瞻卬昊天云如何里（六止）

瞻卬昊天有嘒其星十五青大夫君子昭假無贏十四清大命近止無棄爾成十四清何求爲我以戾庶正十四清四十五勁二韻瞻卬昊天曷惠其寧十五青

雲漢八章章十句

崧高維嶽駿極于天一先維嶽降神十七眞生甫及申十七眞維申及甫維周之翰二十五寒二十八翰二韻四國于蕃二十二元四

方于宣二仙

亹亹申伯王纘之事七志于邑于

謝南國是式二十四職王命召伯二十陌定

申伯之宅二十陌登是南邦博工反世執

其功一東此章以去入通爲一韻

王命申伯式是南邦見上因是謝

人以作爾庸三鍾王命召伯徹申

伯土田一先王命傅御遷其私人

十七眞

申伯之功召伯是營清十四有俶其城清十四寢廟既成清十四既成藐藐三十小四覺二韻王錫申伯四牡蹻蹻三十小十八藥二韻鉤膺濯濯四覺伯字不入韻

王遣申伯路車乘馬音姥我圖爾居莫如南土十姥錫爾介圭以作爾寶三十二晧往近王舅四十四有南土是保

三十二晧

申伯信邁王餞于郿六脂申伯還南謝于誠歸八微王命召伯徹申伯土疆十陽以峙其粻十陽式遄其行戶郎反

申伯番番二十二元八戈二韻既入于謝徒御嘽嘽二十五寒周邦咸喜戎有良翰二十五寒二十八翰二韻不顯申伯王之元舅文武

是憲二十五願　此章以平去通爲一韻

申伯之德二十五德柔惠且直二十四職揉此

萬邦聞于四國二十五德吉甫作誦其

詩孔碩二十二昔其風肆好以贈申伯

二十陌

崧高八章章八句

天生烝民有物有則二十五德民之秉

彝好是懿德二十五德天監有周昭假

于下音戶保茲天子生仲山甫九麌

仲山甫之德二十五德柔嘉維則二十五德令

儀令色二十四職小心翼翼二十四職古訓是

式二十四職威儀是力二十四職天子是若十八藥

轉音如遇反明命使賦十遇此章以去入通爲一韻

王命仲山甫式是百辟首二句無韻纘

戎祖考三十二晧王躬是保三十二晧出納王

命王之喉舌十七薛賦政于外四方

烝民 十月

肅肅王命仲山甫將 十陽 之邦國若否仲山甫明 彌郎反 之既明且哲以保其身 十七眞 夙夜匪解以事一人 十七眞

人亦有言柔則茹 八語九御二韻 之剛則吐 十姥十一暮二韻 之維仲山甫 九麌 柔亦不茹 見上 剛亦不吐 見上 不侮矜寡 音古

不畏彊禦八語

人亦有言德輶如毛民鮮克舉

八語之我儀圖十一模之維仲山甫舉

見上之愛莫助九御之袞職有闕維

仲山甫補十姥之此章以平上去通爲一韻

仲山甫出祖四牡業業三十三業征夫

捷捷二十九葉每懷靡及二十六緝四牡彭彭

晉旁八鸞鏘鏘十陽王命仲山甫城

彼東方十陽

四牡騤騤六脂八鸞喈喈十四皆仲山

甫徂齊十二齊式遄其歸八微吉甫作

誦穆如清風方凡反仲山甫永懷以

慰其心二十一侵

烝民八章章八句

奕奕梁山維禹甸三十二霰與命協之有倬

其道三十二晧與考協韓侯受命彌吝反王親命

見上之纘戎祖考三十二晧無廢朕命見上夙夜匪解十五卦虔共爾位六至朕命不易五寘二十二昔二韻榦不庭方以佐戎辟二十二昔此章以去入通爲一韻

四牡奕奕孔修且張十陽韓侯入覲以其介圭入覲于王十陽王錫韓侯淑旂綏章十陽簟茀錯衡戸郎反玄袞赤舃二十二昔與幭厄協鉤膺鏤錫十陽鞹

鞃淺幭二十三錫鞗革金厄二十一麥

韓侯出祖十姥出宿于屠十一模顯父

餞之清酒百壺十一模其殽維何七歌與下二何協炰鼈鮮魚九魚其蔌維何見上維

筍及蒲十一模其贈維何見上乘馬路

車九魚籩豆有且九魚侯氏燕胥九魚此章以平上通爲一韻

韓侯取妻十二齊汾王之甥蹶父之

子六止韓侯迎止六止于蹶之里六止—百兩彭彭音旁八鸞鏘鏘十陽不顯其光十一唐—諸娣從之祁祁如雲二十文韓侯顧之爛其盈門二十三魂此章以平上通爲一韻—蹶父孔武靡國不到三十七号爲韓姞相攸莫如韓樂三十六效十九鐸二韻—孔樂韓土十姥川澤訏訏十虞魴鱮甫甫十姥麀鹿噳噳九麌有熊有羆有貓有

虎十姥慶既令居九魚韓姞燕譽九魚九御二韻此章以平上通爲一韻

溥彼韓城燕師所完二十五寒以先祖受命因時百蠻二十七刪王錫韓侯其追其貊二十陌奄受北國因以其伯二十陌實墉實壑十九鐸實畝實籍二十二昔獻其貔皮音婆赤豹黃羆音波

韓奕六章章十二句

江漢浮浮十八尤武夫滔滔六豪匪安匪游十八尤淮夷來求十八尤旣出我車九魚旣設我旗九魚匪安匪舒九魚淮夷來鋪十一模

江漢湯湯十陽武夫洸洸十一唐經營四方十陽告成于王十陽四方旣平十二庚王國庶定四十六徑時靡有爭十三耕王心載寧十五青此章以平去通爲一韻

江漢之滸十姥王命召虎十姥式辟四方徹我疆土十姥匪疚匪棘二十四職王國來極二十四職于疆于理六止至于南海十五海此章亦可以上入通爲一韻

王命召虎來旬來宣二仙文武受命召公維翰二十五寒二十八翰二韻無曰予小子六止召公是似六止肇敏戎公用錫爾祉六止

釐爾圭瓚二十三旱秬鬯一卣告于文人十七眞錫山土田一先于周受命彌吝反自召祖命見上虎拜稽首天子萬年一先此章以平上去通爲一韻

虎拜稽首四十四有對揚王休十八尤作召公考三十二晧天子萬壽四十四有四十九宥二韻明明天子六止令聞不已六止矢其文德二十五德洽此四國二十五德此章以平上通爲一韻亦可以上入通爲一韻一

江漢六章章八句

赫赫明明王命卿士（六止與師協）南仲

大祖（十姥）大師皇父（九麌）整我六師

（六脂）以修我戎（音汝說見常棣）既敬既戒（十六怪）

惠此南國（二十五德此章以平上以去入通爲一韻）

王謂尹氏命程伯休父（九麌）左右

陳行戒我師旅（八語）率彼淮浦（十姥）

省此徐土（十姥）不畱不處（八語）三事

就緒八語

赫赫業業有嚴天子首二句無韻王舒

保作匪紹匪游十八尤徐方繹騷六豪

震驚徐方如雷如霆十五青徐方震

驚十二庚

王奮厥武九麌如震如怒十姥十一暮二韻進

厥虎臣十七真與濆韻闞如虓虎十姥鋪敦

淮濆二十文仍執醜虜十姥截彼淮浦

十姥

王師之所八語

王旅嘽嘽二十五寒如飛如翰二十五寒二十八翰二韻

如江如漢二十八翰如山之苞五肴如川

之流十八尤緜緜翼翼二十四職不測不克

二十五德濯征徐國二十五德此章以平去通爲一韻

王猶允塞十九代二十五德二韻徐方既來十六咍

徐方既同一東天子之功一東四方

既平十二庚徐方來庭十五青徐方不回

十五灰

王曰還歸八微此章以平入通爲一韻

常武六章章八句

瞻卬昊天則不我惠十二霽孔塡不寧降此大厲十三祭邦靡有定士民其瘵十六怪蟊賊蟊疾靡有夷屆十六怪罪罟不收十八尤靡有夷瘳十八尤

人有土田一先女反有之人有民人十七眞女覆奪十三末與說協之此宜無罪

十四賄與下罪協女反收之彼宜有罪見上女覆說十三末之有收二字不入韻

哲夫成城十四清哲婦傾城見上二城字自爲韻懿厥哲婦房以反爲梟爲鴟六脂婦有長舌維厲之階十四皆亂匪降自天一先生自婦人十七眞匪教匪誨十八隊時維婦寺七志此章以平上通爲一韻

鞫人忮忒二十五德譖始竟背十八隊豈曰

不極二十四職伊胡爲慝二十五德如賈三倍十五海君子是識二十四職婦無公事七志休其蠶織二十四職此章以上去入通爲一韻天何以刺五寘何神不富方二反舍爾介狄維予胥忌七志不弔不祥十陽與亾協威儀不類六至人之云亾十陽邦國殄瘁六至天之降罔三十六養與亾協維其優十八尤矣人

之云亾十陽心之憂十八尤矣天之降
罔見上維其幾八微矣人之云亾見上
心之悲六脂矣此章以平上通爲一韻
觱沸檻泉維其深二十一侵矣心之憂
矣寧自今二十一侵矣不自我先一先與天協
不自我後音戶藐藐昊天一先無不
克鞏無忝皇祖十姥式救爾後見上鞏
字不入韻

瞻卬七章三章章十句四

章章八句

旻天疾威天篤降喪十一唐四十二宕二韻瘨

我饑饉民卒流亡十陽我居圉卒

荒十一唐

天降罪罟蟊賊内訌一東昬椓靡

共三鍾潰潰回遹實靖夷我邦博工反乚

皋皋訿訿曾不知其玷五十一忝兢兢

業業孔填不寧我位孔貶五十琰
如彼歲旱草不潰茂如彼棲苴
我相此邦無不潰止無韻
維昔之富方二反不如時七之維今之
疚音几不如茲七之彼疏斯粺十五卦胡
不自替十二霽職兄斯引末句無韻此章以平上去通爲一韻
池之竭十月與下竭害協矣不云自頻泉之
竭見上矣不云自中一東溥斯害十四泰

矣職兄斯弘不烖我躬一東 此章以去入通爲一韻
簮先王受命有如召公日辟國
百里六止今也日蹙國百里見上於
乎哀哉十六咍維今之人不尚有舊
音忌 此章以平上去通爲一韻

召旻七章四章章五句三
章章七句

蕩之什十一篇九十二

章七百六十九句

詩本音卷之九終

詩本音卷之十

頌

周頌

於穆清廟肅雝顯相濟濟多士秉文之德對越在天駿奔走在廟不顯不承無射於人斯無韻

清廟一章八句

維天之命於穆不已於乎不顯

文王之德之純假以溢我我其收之駿惠我文王曾孫篤之此章或可以命純收篤爲韻凡周頌之詩多若韻若不韻者意古人之歌必自有音節而今不可考矣朱子曰周頌多不叶韻疑自有和聲相叶清廟之瑟朱弦而疏越一唱而三歎歎卽和聲也

維天之命一章八句

維清緝熙文王之典二十七銑肇禋十七眞迄用有成十四清維周之禎十四清此章以平上通爲一韻

維清一章五句

烈文辟公一東與邦崇功協錫茲祉福惠我無疆十陽子孫保之無封靡于爾邦博工反維王其崇一東之念茲戎功一東繼序其皇十一唐之無競維人四方其訓之不顯維德百辟其刑之於乎前王不忘十陽公疆各自爲韻集傳幷爲一韻者非

烈文一章十三句

天作高山大王荒十一唐之彼作矣文王康十一唐之彼徂矣岐後漢書西南夷傳作彼徂者岐朱子謂徂當作岨有夷之行戶郎反子孫保之末句無韻

天作一章七句

昊天有成命二后受之成王不敢康夙夜基命宥密於緝熙單厥心肆其靖之無韻

昊天有成命一章七句

我將我享三十六養維羊維牛音疑維

天其右音以與方饗協之隋書宇文愷傳引作維牛維羊則羊與享爲韻而右字不入韻也

儀式刑文王之典日靖四方十陽

伊嘏文王既右饗三十六養今本或作享今依唐石經及國子監註疏本改正之我其夙夜畏天之威于時

保之末三句無韻此章上下俱以平上通爲一韻

我將一章十句

時邁其邦昊天其子之實右序

有周薄言震之莫不震疊懷柔百神及河喬嶽允王維后明昭有周式序在位載戢干戈載櫜弓矢我求懿德肆于時夏允王保之（無韻）

時邁一章十五句

執競武王（十陽）無競維烈不顯成康（十一唐）上帝是皇（十一唐）自彼成康（見上）

奄有四方十陽斤斤其明彌郎反鍾鼓喤喤音皇磬筦將將十陽降福穰穰十陽降福簡簡二十六產威儀反反二十阮旣醉旣飽福祿來反見上

執競一章十四句

思文后稷二十四職與極協克配彼天一先立我烝民十七眞莫匪爾極二十四職貽我來牟帝命率育無此疆爾界陳常

于時夏（四句 無韻）

思文一章八句

清廟之什十篇十章九十五句

嗟嗟臣工（一東）敬爾在公（一東）王釐爾成來咨來茹（八語九御二韻。釋文：徐音如，與畬協）嗟嗟保介維莫之春亦又何求（十八尤）如何新畬（九魚九麻二韻）於皇來牟（十八尤）將受

厥明明昭上帝十二霽與艾協迄用康年一先命我衆人十七眞庤乃錢鎛奄觀銍艾二十廢

臣工一章十五句

噫嘻成王既昭假爾四紙與私里協率時農夫十一模播厥百穀一屋駿發爾私六脂終三十里六止亦服爾耕十千維耦古音魚矩反後人混入四十四有韻　此章以平上以平上入通爲一韻

噫嘻一章八句

振鷺于飛八微與止協于彼西雝三鍾我客戾止六止亦有斯容三鍾在彼無惡十一暮十九鐸二韻在此無斁二十二昔韓詩作射中庸引此亦作射庶幾夙夜音豫以永終譽九魚九御二韻此章以平上以去入通爲一韻

振鷺一章八句

豐年多黍多稌亦有高廩首二句無韻

萬億及秭五旨爲酒爲醴齊十一烝畀祖妣五旨以洽百禮齊十一降福孔皆十四皆此章以平上通爲一韻

豐年一章七句

有瞽有瞽十姥與虡羽鼓圉奏舉協在周之庭十五青與聲鳴聽成協設業設虡八語崇牙樹羽九麌應田縣鼓十姥鞉磬柷圉八語既備乃奏則故反簫管備舉八語喤喤厥聲

十四清肅雝和鳴十二庚先祖是聽十五青我客戾止永觀厥成十四清　此章以上去通爲一韻

有瞽一章十三句

猗與漆沮九魚潛有多魚九魚有鱣有鮪五旨鰷鱨鰋鯉六止以享以祀六止以介景福方墨反　此章以上入通爲一韻

潛一章六句

有來雝雝三鍾與公協至止肅肅一屋相

維辟公一東天子穆穆一屋於薦廣牡莫九反與考協相予肆祀六止假哉皇考三十二晧綏予孝子六止宣哲維人十七眞與天協文武維后古音戶與後同後人混入四十五厚韻燕及皇天一先克昌厥後音戶綏我眉壽四十四有四十九宥二韻與考協介以繁祉六止既右烈考三十二晧亦右文母滿以反

雝一章十六句

載見辟王十陽曰求厥章十陽龍旂
陽陽十陽和鈴央央十陽鞗革有鶬
十陽休有烈光十一唐率見昭考以孝
以享三十六養以介眉壽四十四有四十九宥二韻永言
保三十二晧之思皇多祜十姥烈文辟公
綏以多福俾緝熙于純嘏古音古考嘏字詩凡
二見並同後人混入三十五馬韻此章以平上通爲一韻
載見一章十四句

有客有客亦白其馬音姥有萋有且釋文七序反敦琢其旅八語有客宿宿有客信信言授之縶以縶其馬見上薄言追六脂之左右綏六脂之既有淫威八微降福孔夷六脂

有客一章十二句

於皇武王無競維烈允文文王克開厥後嗣武受之勝殷遏劉

眘定爾功無韻

武一章七句

臣工之什十篇十章一

百六句

閔予小子六止與疚協遭家不造三十二皓嬛

嬛在疚音几於乎皇考三十二晧永世克

孝三十六效念茲皇祖陟降庭十五青止維

予小子夙夜敬四十三映止於乎皇王

十陽繼序思不忘十陽　此章以上去以平去通爲一韻

閔予小子一章十一句

訪予落止六止率時昭考於乎悠哉十六咍朕未有艾十四泰將予就之繼猶判渙二十九換維予小子未堪家多難二十五寒二十八翰二韻紹庭上下音戶陟降厥家音姑休矣皇考以保明其身末二句無韻或以二考字就字自爲韻身字與渙難韻　此章以平上去以平上通爲一韻

訪落一章十二句

敬之敬之七之天維顯思七之命不易哉十六咍無曰高高在上陟降厥士六止日監在玆七之維予小子六止不聰敬止六止日就月將十陽學有緝熙于光明彌郎反佛時仔肩示我顯德行戶郎反此章以平上通爲一韻

敬之一章十二句

予其懲而毖後患莫予荓蜂三鍾自求辛螫肇允彼桃蟲一東拚飛維鳥二十九篠未堪家多難予又集于蓼二十九篠

小毖一章七句舊作八句

載芟載作十九鐸其耕澤澤二十陌千耦其耘二十文徂隰徂畛十七眞十六軫二韻侯主侯伯二十陌轉音補侯亞侯旅八語侯彊侯以

（六止）

有嗿其饁，思媚其婦（房以反），有依其士（六止）。有略其耜（六止），俶載南畝（滿以反）。一

播厥百穀，實函斯活（十三末，穀字不入韻）。驛驛其達（十二曷），有厭其傑（十七薛）。一

厭厭其苗（四蕭），緜緜其麃（四蕭）。一

載穫濟濟（十一薺，十二霽，一韻），有實其積（五寘，二十二昔，二韻），萬億及秭（五旨）。爲酒爲醴（十一薺），烝畀祖妣（五旨），以洽百禮（十一薺）。一

有飶其香（十陽），邦家之

灮 十一唐 有椒其馨 十五青 胡考之寧 十五青
匪且有且匪今斯今振古如茲
末三句無韻　此章以上入以上去通爲一韻
載芟一章三十一句
畟畟良耜 六止 俶載南畝 滿以反 播厥
百穀實函斯活 十三末轉音話 或來瞻女
八語 載筐及筥 八語 其饟伊黍 八語 其
笠伊糾 四十六黝 其鎛斯趙 三十小 以薅荼

蓼（二十九篠）荼蓼朽（四十四有）止黍稷茂（音耄）止
穫之挃挃（五質）積之栗栗（五質）其崇
（一東）如墉（三鍾）其比（五質）如櫛（七櫛）以開
百室（五質）百室盈（十四清）止婦子寧（十五青）
止殺時犉牡有捄其角（音錄）以似
以續（三燭）續古之人（末句無韻　此章以上入以上去通爲一韻）
良耜一章二十三句
絲衣其紑（古音匹之反後人混入十八尤韻）載弁俅俅

古音渠之反與裘同後人混入十八尤韻

自堂徂基七之自羊徂牛音疑鼐鼎及鼒七之兕觥其觩十八尤旨酒思柔十八尤不吳不敖六豪三十七号二韻胡考之休十八尤自兕觥其觩以下別爲一韻

絲衣一章九句

於鑠王師六脂遵養時晦十八隊時純熙七之矣是用大介十六怪我龍受四十四有之蹻蹻王之造三十二晧載用有嗣七志

實惟爾公允師見上此章上下倶以平去通爲一韻

酌一章八句

綏萬邦屢豐年唐石經作婁按漢書屢字竝作婁天命匪解首三句無韻桓桓武王十陽保有厥士于以四方十陽克定厥家於昭于天一先皇以間二十八山之

桓一章九句

文王既勤止我應受之敷時繹

思我祖維求定時周之命於繹思無韻或以止之思爲韻然詩無全用語助爲韻者

賚一章六句

於皇時周陟其高山墮山喬嶽允猶翕河敷天之下裒時之對時周之命無韻

般一章七句

閔予小子之什十一篇

十一章一百三十五句

魯頌

駉駉牡馬音姥在坰之野神與反薄言

駉者音渚有驈有皇十一唐有驪有黃

十一唐以車彭彭音旁思無疆十陽思馬

斯臧十一唐

駉駉牡馬見上在坰之野見上薄言

駉者見上有騅有駓六脂有騂有騏

七之以車伾伾六脂思無期七之思馬斯才十六咍

駉駉牡馬見上在坰之野見上薄言駉者見上有驒有駱十九鐸有駰有雒十九鐸以車繹繹二十二昔思無斁二十二昔思馬斯作十九鐸

駉駉牡馬見上在坰之野見上薄言駉者見上有駰有騢古音胡後人誤入九麻韻有驔

有魚（九魚）以車祛祛（九魚）思無邪（音徐）
思馬斯徂（十一模 此章亦可通爲一韻）
駉四章章八句
有駜有駜駜彼乘黃（十一唐）夙夜在
公在公明明（彌郎反一）振振鷺（十一暮）鷺于
下（音戶）鼓咽咽醉言舞（九麌）于胥樂
兮（末句說見麟之趾 此章以上去通爲一韻）
有駜有駜駜彼乘牡（莫九反）夙夜在

公在公飲酒四十四有振振鷺鷺于飛
八微鼓咽咽醉言歸八微于胥樂兮
有駜有駜駜彼乘駽一先三十二霰二韻夙夜
在公在公載燕三十二霰自今以始六止
歲其有音以君子有穀詒孫子六止
于胥樂兮

有駜三章章九句

思樂泮水五旨與止協薄采其芹二十一殷魯

侯戾止六止言觀其旂音芹其旂茷
茷十四泰鸞聲噦噦十四泰無小無大十四泰
從公于邁十七夬
思樂泮水見上薄采其藻三十二晧魯侯
戾止見上其馬蹻蹻三十小十八藥二韻其馬蹻
蹻見上其音昭昭四宵載色載笑三十五笑
匪怒伊教三十六效此章以平上去通爲一韻
思樂泮水見上薄采其茆三十一巧魯侯

戾止見上在泮飲酒四十四有既飲旨酒
見上永錫難老三十二晧順彼長道三十二晧屈
此羣醜四十四有
穆穆魯侯敬明其德二十五德敬慎威
儀維民之則二十五德允文允武九麌昭
假烈祖十一姥靡有不孝自求伊祜
十一姥
明明魯侯克明其德見上既作泮

宮淮夷攸服（蒲北反）矯矯虎臣在泮獻馘（古音國後人混入二十一麥韻）淑問如臯陶（四宵）在泮獻囚（十八尤）

濟濟多士克廣德心（二十一侵）桓桓于征狄彼東南（二十二覃）烝烝皇皇（十一唐）不吳不揚（十陽）不告于訩（三鍾）在泮獻功（一東）

角弓其觩（十八尤）束矢其搜（十八尤）戎車

孔博（十九鐸）徒御無斁（二十二昔）既克淮夷

孔淑不逆（二十陌）式固爾猶淮夷卒

獲（二十一麥）

翩彼飛鴞集于泮林（二十一侵）食我桑

黮（四十七寑）懷我好音（二十一侵）憬彼淮夷來

獻其琛（二十一侵）元龜象齒大賂南金

（二十一侵　此章以平上通爲一韻）

泮水八章章八句

閟宮有侐實實枚枚十五灰赫赫姜嫄其德不回十五灰上帝是依八微無災無害彌月不遲六脂是生后稷二十四職降之百福方墨反黍稷重穋稙稺菽麥莫北反奄有下國二十五德俾民稼穡二十四職有稷有黍八語有稻有秬八語奄有下土十姥纘禹之緒八語此章亦可以平入通爲一韻后稷之孫實維大王十陽居岐之

陽十陽實始翦商十陽至于文武九麌纘大王之緒八語致天之届于牧之野神與反無貳無虞十虞上帝臨女八語敦商之旅八語克咸厥功王曰叔父九麌建爾元子俾侯于魯十姥大啟爾宇九麌爲周室輔九麌此章以平上通爲一韻乃命魯公一東俾侯于東一東錫之山川土田附庸三鍾周公之孫莊

公之子（六止）龍旂承祀（六止）六轡耳

耳（六止）一春秋匪解（十五卦）享祀不忒（二十五德）

皇皇后帝（十二齊）皇祖后稷（二十四職）享以

騂犧（古音許何反後人誤入五支韻）是饗是宜（魚何反）降福

既多（七歌）一周公皇祖（十姥）亦其福女

（八語　此章亦可以上去入通爲一韻）

秋而載嘗（十陽）夏而楅衡（戶郎反）白牡

騂剛（十一唐）犧尊將將（十陽）毛炰胾羹

（音岡）籩豆大房（十陽）萬舞洋洋（十陽）孝孫有慶（音羌）俾爾熾而昌（十陽）俾爾壽而臧（十一唐）保彼東方（十陽）魯邦是常（十陽）不虧不崩（十七登）不震不騰（十七登）三壽作朋（十七登）如岡如陵（十六蒸）

公車千乘（十六蒸四十七證二韻）朱英綠縢（十六蒸）二矛重弓（音肱）公徒三萬貝冑朱綅烝徒增增（十六蒸）戎狄是膺（十六蒸）荊

舒是懲（十六蒸）則莫我敢承（十六蒸一）俾爾昌而熾（七志）俾爾壽而富（方二反）黃髮台背（十八隊）壽胥與試（七志）俾爾昌而大（十四泰）俾爾耆而艾（十四泰）萬有千歲（十三祭）眉壽無有害（十四泰）

泰山巖巖（二十七咸）魯邦所詹（二十四鹽一）奄有龜蒙（一東）遂荒大東（一東）至于海邦（博工反）淮夷來同（一東）莫不率從（三鍾）魯

侯之功一東

保有鳧繹二十二昔遂荒徐宅二十陌至于

海邦見上與從協淮夷蠻貊二十陌及彼南

夷莫不率從見上莫敢不諾十九鐸魯

侯是若十八藥

天錫公純嘏音古眉壽保魯十姥居

常與許八語復周公之宇九麌魯侯

燕喜六止令妻壽母滿以反宜大夫庶

士六止邦國是有音以既多受祉六止

黃髮兒齒六止

徂來之松新甫之柏陌二十是斷是

度鐸十九是尋是尺二十昔松桷有舄二十昔

路寢孔碩二十昔新廟奕奕二十昔奚斯

所作鐸十九孔曼且碩見上萬民是若

藥十八

閟宮九章五章章十七句

據集傳云第四章脫一句

二章章八句二章章十句

魯頌四篇二十四章二百四十三句

商頌

猗於戈反與那八戈與置我鞉鼓十姥奏鼓簡簡衎我烈祖十姥湯孫奏假綏我思成十四清鞉鼓淵淵嘒嘒管

聲十四清既和且平十二庚依我磬聲見上

於赫湯孫穆穆厥聲見上庸鼓有

斁二十二昔萬舞有奕二十二昔我有嘉客二十陌

亦不夷懌二十二昔自古在昔二十二昔先民

有作十九鐸溫恭朝夕二十二昔執事有恪

十九鐸顧予烝嘗十陽湯孫之將十陽

那一章二十二句

嗟嗟烈祖十姥有秩斯祜十姥申錫

無疆及爾斯所八語既載清酤十姥一
賚我思成十四清亦有和羹既戒既
平十二庚羹字不入韻鬷假無言時靡有爭
十三耕一綏我眉壽黃耇無疆十陽約軝
錯衡戶郎反八鸞鶬鶬十一唐以假以享
三十六養我受命溥將十陽自天降康十一唐
豐年穰穰十陽三十六養二韻來假來饗今本作享唐石經作
饗歐陽氏曰上云以享者謂諸侯皆來助致享於神也下云來
饗者謂神來至而歆饗也呂氏嚴氏竝載此說享饗二義不同

今從石經三十六養降福無疆見上顧予烝嘗

十陽湯孫之將見上此章以平上通爲一韻

烈祖一章二十二句

天命玄鳥降而生商十陽宅殷土

芒芒十陽古帝命武湯十一唐正域彼

四方十陽方命厥后音戶與下后協奄有九

有音以商之先后見上受命不殆十五海

在武丁孫子六止武丁孫子見上武

王靡不勝（十六蒸）龍旂十乘（十六烝）大糦是承（十六蒸）邦畿千里（六止）維民所止（六止）肇域彼四海（十五海）四海來假來假祁祁（八微）景員維河（七歌）殷受命咸宜（魚何反）百祿是何（七歌　此章以平上通爲一韻）

玄鳥一章二十二句

濬哲維商（十陽）長發其祥（十陽）洪水芒芒（十陽）禹敷下土方（十陽）外大國

是疆十陽幅隕既長十陽有娀方將
十陽帝立子生商見上
玄王桓撥十三末受小國是達十二曷受
大國是達見上率履不越十月遂視
既發十月相土烈烈十七薛海外有截
十六屑
帝命不違八微至于湯齊十二齊湯降
不遲六脂聖敬日躋十二齊昭假遲遲

見上

上帝是祇六脂帝命式于九圍八微

受小球大球十八尤爲下國綴旒十八尤

何天之休十八尤不競不絿十八尤不剛

不柔十八尤敷政優優十八尤百祿是遒十八尤

受小共大共三鍾爲下國駿厖古音莫工反後人分四江韻　荀子引此作駿蒙大戴禮引此作恂蒙

何天之龍三鍾敷

奏其勇二腫不震不動一董不戁不竦二腫百祿是總一董此章以平上通爲一韻

武王載旆十四泰荀子引此作載發說文引此作載坺有虔秉鉞十月如火烈烈十七薛則莫我敢曷十二曷苞有三蘖十七薛莫遂莫達十二曷九有有截十六屑韋顧既伐十月昆吾夏桀十七薛此章以去入通爲一韻

㫺在中葉二十九葉有震且業三十三業允也

天子六止降予卿士六止今本或作降于非實維
阿衡戶郎反實左右商王十陽
長發七章一章八句四章
章七句一章九句一章六
句
撻彼殷武九麌奮伐荊楚八語罙入
其阻八語裒荊之旅八語有截其所
八語湯孫之緒八語

維女荊楚居國南鄉十陽昔有成湯十一唐自彼氐羌十陽莫敢不來享三十六養莫敢不來王十陽曰商是常十陽此章以平上通爲一韻

天命多辟二十二昔設都于禹之績二十三錫歲事來辟見上勿予禍適二十二昔稼穡匪解十五卦此章以去入通爲一韻

天命降監二十七銜五十九鑑二韻下民有嚴二十八嚴

不僭不濫五十四勘不敢怠遑命于下

國二十五德封建厥福方墨反為一韻　此章以平去通遑字不入韻

商邑翼翼二十四職四方之極二十四職赫赫

厥聲十四清濯濯厥靈十五青壽考且寧

十五青以保我後生十二庚

陟彼景山二十八山松柏丸丸二十六桓是斷

是遷二仙方斲是虔二仙松桷有梴

二仙旅楹有閑二十八山寢成孔安二十五寒

殷武六章三章章六句二章章七句一章五句

商頌五篇十六章一百五十四句

詩本音卷之十終

易音卷之一　音學五書 十四

彖辭

蒙 初筮告 二沃 再三瀆 一屋 瀆則

不告 見上

解 无所往其來復 一屋 吉有攸

往夙 一屋 吉

震 震來虩虩 二十陌 笑言啞啞 三十五馬

二十陌

二韻

易音　卷之一

艮

艮其背不獲其身十七眞行其庭不見其人十七眞古者卜筮之辭多用音和以便人之玩誦雖夏商之易不傳於世然意其不始於文王也易彖文王所作其用音比此所以然者易之體不同於詩必欲連比彖占牽合上下以就其音則聖人之意荒矣故但取其屬辭之切者

爻辭

乾九二見龍在田一先利見大人十七眞

九四或躍在淵一先或問此隔三爻而與二五爲音可乎曰初二

言龍三言人事至四而言或躍在淵不言龍而其義則龍也其不言龍者何承初二也承其義則亦承其音也

九五飛龍在天一先利見大人十七眞

屯六二屯十八諄如邅二仙如乘馬班二十七山如匪寇古音苦故反見詩桑柔婚媾古音故見詩候人

上六乘馬班二十七山如泣血漣二仙如

需六四需于血十六屑出自穴十六屑

師六五　長子帥師六脂　弟子輿

尸六脂

小畜初九　復自道三十二晧　何其咎四十四有

九三　輿說輻一屋　夫妻反目一屋　子夏傳馬融鄭玄虞翻竝作輿說輹今從之按輻字詩伐檀與側直億特食韻正月與載意韻荀子引逸詩與塞息韻自字左傳宣二年與腹復韻成十六年與蹴韻老子與腹韻不可以強合也作輹爲是說文輹軸縛也左傳僖十五年車脫其輹註輹車下縛也正義曰子夏易傳云輹車下伏兔也今人謂之車屐形如伏兔以繩縛於軸因名縛也熊朋來五經說曰輹謂輈上伏

兔考工記輈人爲輈自伏兔至軌七寸即此輹也故大畜九二亦云輿說輹而大壯九四云壯于大輿之輹

上九　既雨九麌既處八語

泰九二　包荒十一唐用馮河不遐遺朋亡十陽得尚于中行古音戶郎反見詩卷耳

否九五　其亡十陽其亡見上繫于苞桑十一唐

上九　傾否五旨先否後喜六止

同人九三　升其高陵十六蒸三歲

不興十六蒸

九四　乘其墉三鍾弗克攻一東

隨上六　拘係十二齊之乃從維六脂

之此爻以平去通爲一韻

觀六四　觀國之光十一唐利用賓

于王十陽

噬嗑六三　噬腊肉一屋遇毒二沃

九四　噬乾胏六止得金矢五旨

賁六四　賁八微二十文二十三魂五眞四韻陸德明釋文云李軌府汾反傅氏云賁古班字文章貌鄭云變也文飾之貌王肅符文反云有文飾黃白色今按六四賁皤翰三字佀同爲一韻猶屯六二之屯邅班三字亦同爲一韻也當從王肅音爲定　如皤陸德明釋文董遇音槃云馬作足橫行曰皤鄭玄陸績本作蹯音煩今按此句與下翰如爲韻當從鄭陸爲是今皤字入八戈韻　漢蔡邕述行賦乘馬蹯而不進兮心鬱悒而憤思卽此字　如白馬翰二十五寒二十八翰二韻　如匪寇苦故反　婚媾音故

六五　賁于丘園二十二元　束帛戔戔二十五寒

剥上九　君子得輿九魚　小人剥

廬九魚

无妄六三　无妄之災十六哈　或繫

之牛古音疑見詩黍苗　行人之得邑人之災

見上

頤初九　舍爾靈龜六脂　觀我朵

頤七之

大過九二　枯楊生稊十二齊　老夫

得其女妻十二齊

九五枯楊生華古音敷見詩桃夭老婦得其士夫十虞无咎无譽九魚九御二韻

坎初六習坎四十八感入于坎窞四十八感

六三來之坎坎四十八感險且枕四十七寑

入于坎窞四十八感

六四樽酒簋古音九見詩權輿貳用缶四十四有

納約自牖四十四有

九五坎不盈 十四清 祇既平 十二庚
上六係用徽纆 二十五德 寘于叢棘
二十四職 三歲不得 二十五德
離九三日昃之離 古音羅見詩新臺 不鼓
缶而歌 七歌 則大耊之嗟 九麻
六五出涕沱 七歌 若戚嗟 九麻 若
上九有嘉折首 四十四有 獲匪其醜
四十四有

咸九四　憧憧往來十六哈朋從爾思七之

大壯九三　小人用壯四十一漾君子用罔三十六養此爻以上去通爲一韻

上六　不能退十八隊不能遂六至

明夷初九　明夷于飛垂其翼二十四職君子于行三日不食二十四職

九三　明夷于南狩四十九宥得其大

首四十四有此爻以上去通爲一韻

家人六二无攸遂六至在中饋六至

睽初九喪馬勿逐一屋自復一屋

六三見輿曳十三祭其牛掣十三祭其人天且劓十三祭

上九睽孤十一模見豕負塗十一模載鬼一車九魚九麻二韻古音居見詩何彼襛矣先張之弧十一模

後說之弧見上一匪寇苦故反婚媾音故

損六五　或益之十朋之龜六脂

弗克違八微

益六二　或益之十朋之龜六脂

弗克違八微

上九　莫益二十二昔之或擊二十三錫之

夬九四　臀无膚十虞其行次且

九魚

姤九三　臀无膚十虞其行次且九魚

萃初六　若號六豪三十七号二韻一握爲笑三十五笑

困初六　臀困于株木一屋入于幽谷一屋三燭二韻三歲不覿古音瀆後人誤入二十三錫韻

九二　困于酒食七志二十四職二韻朱紱方來十六咍利用享祀六止此爻以平上入通爲一韻詩中食來祀多同用者故不

得而闕之。

六三　困于石據于蒺蔾十二齊　入于其宮不見其妻十二齊

九四　來徐徐九魚　困于金車九魚

九五　劓刖十月　困于赤紱八物　乃徐有說十七薛

井九二　井谷射鮒十遇　甕敝漏

古音魯故反見詩抑

九三　井渫不食（二十四職）爲我心惻（二十四職）王明竝受其福（古音方墨反，見詩天保）

革上六　君子豹變（三十三線）小人革面（三十三線）

鼎初六　鼎顛趾（六止）利出否（五旨）得妾以其子（六止）

九二　鼎有實（五質）我仇有疾（五質）不我能卽（二十四職，見詩東門之墠）

九三　鼎耳革古音棘見詩羔羊　其行塞二十五德

雉膏不食二十四職

九四　鼎折足三燭　覆公餗一屋　其

形渥四覺

震初九　震來虩虩二十陌　後笑言

啞啞三十五馬二十陌二韻

六二　震來厲十三祭　億喪貝十四泰

上六　震索索十九鐸二十陌二韻　視矍矍十八藥

艮六五　艮其輔九麌言有序八語

漸初六　鴻漸于干二十五寒小子厲

有言二十二元

六二　鴻漸于磐二十六桓飲食衎衎

二十八翰　此爻以平去通爲一韻

九三　鴻漸于陸一屋夫征不復

一屋婦孕不育一屋

六四　鴻漸于木一屋或得其桷

古音祿後人混入四覺韻

九五　鴻漸于陵（蒸十六）婦三歲不孕（四十七證）終莫之勝（十六蒸四十七證二韻此爻以平去通爲一韻　上九爻辭鴻漸于陸先儒竝讀如字范諤昌改爲逵朱子本義從之謂合韻非也古人讀儀爲俄不與逵爲韻虞翻以九三爲陸朱震曰上所往進也所反亦進也漸至九五極矣是以上反而之三當以陸爲正　隋盧思道孤鴻賦序云大易稱鴻漸于陸羽儀盛也宋文彥博集有鴻漸于陸賦云陸者地鎮之峻極鴻者羽族之珍奇）

歸妹初九　歸妹以娣（十一薺）跛能履（五旨）

九四　歸妹愆期七之遲歸有時七之

六五　其君之袂不如其娣之袂良十陽月幾望十陽四十一漾二韻

上六　女承筐无實五質士刲羊无血十六屑

豐六二　豐其蔀古音蒲五反如今人言六部之部猶承古音未變而唐人皆混入四十五厚韻日中見斗古音滴主反見詩行葦往得

疑疾有孚發若

九三　豐其沛十四泰日中見沫十四泰

九四　豐其蔀蒲五反日中見斗滴主反

遇其夷主九麌

旅九四　旅于處八語得其資斧九麌

上九　鳥焚其巢五肴旅人先笑

後號咷六豪

巽九二　巽在牀下古音戶見詩采蘋用史巫紛若

上九　巽在牀下音戶喪其資斧

九麌

渙六四　渙有丘古音去其反見詩載馳匪夷所思七之

中孚九二　八戈三十九過二韻　鳴鶴在陰其子和之我有好爵吾與爾靡古音摩見

詩黍離之

六三　或鼓或罷能（王肅音皮徐邈音扶波反竝音婆今人讀皮爲蒲糜反而罷倦之字因之至罷休之字則又別爲蒲蟹反此字遂誤入五支十二蟹二韻）或泣或歌（七歌）

六四　月幾望（十陽四十一漾二韻）馬匹亡（十陽）

小過六二　不及其君（二十文）遇其臣（十七眞）

九三　弗過防（十陽）之從或戕（十陽）

之

上九　弗遇過八戈三十九過二韻之飛鳥離之　本義或說當作過遇者非音羅

未濟上九　有孚于飲酒四十四有无咎濡其首四十四有

易音卷之一終

易音卷之二

彖傳

乾　大哉乾元二十二元萬物資始乃統天一先雲行雨施品物流形十五青大明終始六位時成十四清時乘六龍以御天見上乾道變化各正性命古音彌吝反見詩蝃蝀保合太和乃利貞十四清首出庶物萬國咸寧十五青按眞諄臻不與耕清青相通然

古人於耕清青韻中字往往讀入眞諄臻韻者當繇方音之不同未可以爲據也詩三百五篇竝無此音孔子傳易於屯曰雖磐桓志行正也以貴下賤大得民也於觀曰觀國之光尚賓也觀我生觀民也觀其生志未平也是平正皆從民字讀矣於革曰天地革而四時成湯武革命順乎天而應乎人於兌曰說以利貞是以順乎天而應乎人於節曰天地節而四時成節以制度不傷財不害民於繫辭傳曰君不密則失臣臣不密則失身幾事不密則害成是成貞皆從人民臣字讀矣至屈宋亦多此音離騷以名從均讀卜居以耕名生清楹從身讀九辯以清平生聲鳴征成從人讀而秦漢之書亦時有之又如天淵二字古與眞諄同韻者也而乾彖傳形成貞寧皆從天讀文言正精情平皆從天讀訟彖傳成正皆從淵讀大畜彖傳正從賢天讀又萃彖傳臨晉姤三象傳正從命讀今吳人讀耕清青皆作眞音以此知五方之音雖聖人有不能改者　此傳以平去通爲一韻

坤至哉坤元（二十二元）萬物資生乃順承天（一先）坤厚載物德合无疆（十陽）含弘光大品物咸亨（古音許郎反考亨字易凡十二見並同後人混入十二庚韻）牝馬地類行地无疆（見上）柔順利貞君子攸行（戶郎反）先迷失道後順得常（十陽）西南得朋乃與類行（見上）東北喪朋乃終有慶（古音羌見詩楚茨）安貞之吉應地无疆（見上）

屯　屯剛柔始交而難生十二庚動乎險中大亨貞十四清雷雨之動滿盈十四清天造草昧宜建侯而不寧十五青

蒙　蒙亨以亨行時中一東也匪我求童蒙童蒙求我志應十六蒸四十七證二韻　廣韻於陵於證二反本无可疑老子上禮爲之而莫之應則攘臂而仍之與仍韻天之道不爭而善勝不言而善應與勝韻而夫子傳易於蒙於比於未濟三用此字皆從中字爲韻或亦出於方音不敢強爲之解也初筮

告以剛中（見上）也再三瀆瀆則不

告瀆蒙（一東）也蒙以養正聖功（一東）

也

需剛健而不陷其義不困窮

（一東）矣需有孚光亨貞吉位乎天

位以正中（一東）也利涉大川往有

功（一東）也

訟終凶訟不可成（十四清說見乾卦）也利

見大人尚中正十四清四十五勁二韻也不利涉大川入于淵一先也上文剛來而得中句不入韻吳棫韻補引劉攽云闕中以中爲烝非

比

比輔也下順從三鍾也原筮元永貞无咎以剛中一東也不寧方來上下應十六蒸四十七證二韻說見蒙卦也後夫凶其道窮一東也

小畜

健而巽剛中而志行戶郎反

乃亨（許郎反）密雲不雨尚往（三十六養）也自我西郊施未行（見上）也（此傳以平上通爲一韻）

履履柔履剛（十一唐）也說而應乎乾是以履虎尾不咥人亨（許郎反）剛中正履帝位而不疚光明（古音彌郎反見詩雞鳴）也

泰泰小往大來吉亨則是天地交而萬物通（一東）也上下交而

其志同一東也

否　否之匪人不利君子貞大往小來則是天地不交而萬物不通一東也上下不交而天下无邦博工反也

大有　其德剛健而文明彌郎反應乎天而時行戶郎反是以元亨許郎反

謙　謙亨許郎反天道下濟而光明

彌郎反地道卑而上行戶郎反

豫　天地以順動故日月不過而四時不忒二十五德聖人以順動則刑罰清而民服古音蒲北反見詩關雎

蠱　蠱元亨而天下治七之七志二韻也利涉大川往有事七志也

臨　大亨以正天之道三十二晧也至于八月有凶消不久古音几考久字易傳凡六見二音几四音

非當以音几爲正說見詩旄丘也

觀

觀天之神道而四時不忒二十五德聖人以神道設教而天下服蒲北反矣

噬嗑

噬嗑而亨許郎反剛柔分動而明彌郎反雷電合而章十陽柔得中而上行戶郎反

剝

剝剝也柔變剛十一唐也不利

有攸往小人長（十陽三十六養二韻）也順而止之觀象（三十六養）也君子尚消息盈虛天行（戶郎反）也（此傳以平上通爲一韻）

復　反復其道七日來復天行（戶郎反）也利有攸往剛長（十陽三十六養二韻）也

大畜　剛上而尚賢能止健大正（十四清四十五勁二韻說見乾卦）也不家食吉養賢（一先）也利涉大川應乎天（一先）也

頤　觀頤觀其所養三十六養也自求

口實觀其自養見上也

大過　剛過而中巽而說行戶郎反

利有攸往三十六養乃亨許郎反此傳以平上通爲一韻

坎　維心亨乃以剛中一東也行

有尚往有功一東也天險不可升十六蒸也地險山川丘陵十六蒸也

離　日月麗乎天百穀草木麗

乎土十姥重明以麗乎正乃化成

天下音戶

咸柔上而剛下音戶二氣感應

以相與八語止而說男下女八語

天地感而萬物化生十二庚聖人感

人心而天下和平十二庚

恆剛上而柔下音戶雷風相與

八語天地之道恆久而不已六止

也利有攸往終則有始六止也一
四時變化而能久成十四清聖人久
于其道而天下化成見上
遯
遯亨遯而亨也許郎反剛當位
而應與時行戶郎反也小利貞浸而
長十陽三十六養二韻也
晉
明出地上三十六養四十一漾二韻順而麗
乎大明彌郎反柔進而上行戶郎反此傳以平去通為一

韻

家人　女正位乎內十八隊男正位乎外十四泰　父父子子六止兄兄弟弟十一薺夫夫婦婦古音房以反見詩氓而家道正四十五勁正家而天下定四十六徑矣

睽　二女同居其志不同行戶郎反

說而麗乎明彌郎反柔進而上行見上得中而應乎剛十一唐　天地睽而

其事同（一東）也男女睽而其志通（一東）也

蹇　蹇利西南往得中（一東）也不利東北其道窮（一東）也利見大人往有功（一東）也當位貞吉以正邦（卜工反）也

解　解利西南往得衆（一東一送二韻）也其來復吉乃得中（一東）也有攸往

夙吉往有功一東也天地解而雷雨作十九鐸雷雨作而百果草木皆甲坼二十陌

損損損損下益上三十六養四十一漾二韻其道上行戶郎反平去通爲一韻此傳以

益益益損上益下民說无疆十陽自上下下其道大光十一唐利有攸往中正有慶音羌利涉大川木道

乃行戶郎反益動而巽日進无疆見上天施地生其益无方十陽凡益之道與時偕行見上

夬揚于王庭柔乘五剛十一唐也孚號有厲其危乃光十一唐也告自邑不利即戎所尚乃窮一東也利有攸往剛長乃終一東也

姤　姤遇也柔遇剛十一唐也勿用

取女不可與長十陽三十六卷二韻也天地相遇品物咸章十陽也剛遇中正天下大行戶郎反也

萃利見大人亨聚以正四十五勁說見乾卦也用大牲吉利有攸往順天命也彌各反

升巽而順剛中而應是以大亨許郎反用見大人勿恤有慶音羌也

南征吉志行也戶郎反
困貞大人吉以剛中一東也有言不信尚口乃窮一東也
井井養而不窮一東也改邑不改井乃以剛中一東也汔至亦未繘井未有功一東也羸其缾是以凶三鍾也
革革音棘水火相息二十四職二女同

居其志不相得 二十五德 曰革 見上 —革

而當 十一唐四十二宕二韻 其悔乃亡 十陽 —天地

革而四時成 十四清說見乾卦 湯武革命 彌吝反

順乎天而應乎人 十七眞此傳以平去通爲一韻

鼎

巽而耳目聰明 彌郎反 柔進而

上行 戶郎反 得中而應乎剛 十一唐 是以

元亨 許郎反

震

震來虩虩恐致福 方墨反 也笑

言啞啞後有則二十五德也

艮　時止則止時行則行戶郎反動

靜不失其時其道光明彌郎反艮其

止止其所八語也上下敵應不相

與八語也

漸　進得位往有功一東也進以

正可以正邦博工反也其位剛得中

一東也止而巽動不窮一東也

歸妹　征凶位不當十一唐四十二宕二韻也

无攸利柔乘剛十一唐也

豐　日中則昃二十四職月盈則食二十四職

天地盈虛與時消息二十四職而況於

人十七眞乎況於鬼神十七眞乎

旅　旅小亨許郎反柔得中乎外而

順乎剛十一唐止而麗乎明彌郎反

巽　剛巽乎中正而志行戶郎反柔

皆順乎剛十一唐

兌說以利貞十四清說見乾卦是以順乎

天而應乎人十七眞

渙剛來而不窮一東柔得位乎

外而上同一東王假有廟王乃在

中一東也利涉大川乘木有功一東

也

節節亨剛柔分而剛得中一東

苦節不可貞其道窮一東也說以行險當位以節中正以通一東天地節而四時成十四清說見乾卦節以制度不傷財不害民十七眞

中孚　中孚柔在内而剛得中一東說而巽孚乃化邦博工反也豚魚吉信及豚魚九魚也利涉大川乘木舟虛九魚也

小過　小過小者過而亨（許郎反）也

過以利貞與時行（戶郎反）也

既濟　既濟亨小者亨（許郎反）也利

貞剛柔正而位當（十一唐四十二宕二韻）也初

吉柔得中（一東）也終止則亂其道

窮（一東）也

未濟　未濟亨柔得中（一東）也小

狐汔濟未出中（見上）也濡其尾无

攸利不續終一東也雖不當位剛柔應十六蒸四十七證二韻說見蒙卦也

象傳

乾　潛龍勿用陽在下音户也見龍在田德施普十姥也終日乾乾反復道三十二晧也或躍在淵進无咎也飛龍在天大人造三十二晧三十七号二韻四十四有也亢龍有悔盈不可久音韭說見臨彖傳也

用九天德不可爲首（四十四有）也

坤履霜堅冰陰始凝（十六蒸）也馴致其道至堅冰（十六蒸）也六二之動直以方（十陽）也不習无不利地道光（十一唐）也含章可貞以時發（十月）也或從王事知光大（十四泰）也括囊无咎慎不害（十四泰）也黃裳元吉文在中（一東）也龍戰于野其道窮（一東）也

用六永貞以大終一東也此傳以去入通爲一韻

屯雖磐桓志行正十四清四十五勁二韻說見乾彖傳也以貴下賤大得民十七眞也六二之難乘剛十一唐也十年乃字反常十

也即鹿无虞以從禽二十一侵廣韻叵今反亦无可夫子傳易於屯於比於恆三用此字皆從窮中爲韻恆之之心亦同說見詩七月宋吳棫韻補禽渠容切引焦平林履之夬吉日車攻田弋獲𤤋宣王飲酒以告嘉功也君子舍之往吝窮一東也求而往明彌郎反也屯其

膏施未光十一唐也泣血漣如何可長十陽三十六養二韻也

蒙利用刑人以正法三十四乏也子克家剛柔接二十九葉也勿用取女行不順二十二稕也困蒙之吝獨遠實五質夫子傳易四用此字於蹇於鼎皆合蒙與順巽泰與願亂爲韻蓋不可曉或古又有此音也童蒙之吉順以巽二十六慁也利用禦寇上下順見上也此傳以去入通爲一韻

需　需于郊不犯難行戶郎反也利用恆无咎未失常十陽也需于沙衍在中一東也雖小有言以吉終一東也需于泥災在外十四泰也自我致寇敬慎不敗十七夬也需于血順以聽四十六徑也酒食貞吉以中正四十五勁也

訟　不永所事訟不可長十陽三十六養二韻

也雖小有言其辯明（彌郎反）也 不克訟歸逋竄（釋文徐音七外反後人誤入二十九換韻）也自下訟上患至掇（十三末 轉音都芮反）也 會舊德從上吉（五質）也復即命渝安貞不失（五質）也 訟元吉以中正（四十五勁）也以訟受服亦不足敬（四十三映）也（此傳以去入通爲一韻）

師

師出以律失律凶（三鍾）也在師中吉承天寵（二腫）也王三錫命

懷萬邦博工反也師或輿尸大无功一東也—左次无咎未失常十陽也長子帥師以中行戶郎反也弟子輿尸使不當十一唐四十二宕二韻也—大君有命以正功一東也小人勿用必亂邦博工反也此傳以平上通爲一韻

比　比之初六有他吉五質也比之自內不自失五質也—比之匪人

不亦傷十陽乎外比于賢以從上三十六養四十一漾二韻也顯比之吉位正中一東也舍逆取順失前禽二十一侵說見屯卦也邑人不誡上使中見上也比之无首无所終一東也此傳以平去通爲一韻

小畜　復自道其義吉五質也牽復在中亦不自失五質也夫妻反目不能正室五質也有孚惕出上

合志七志也有孚攣如不獨富古音方二

反見詩我行其野也既雨既處德積載十九代也

君子征凶有所疑七之也此傳以平去入通爲一韻

履素履之往獨行願二十五願也幽

人貞吉中不自亂二十九換也眇能視

不足以有明彌郎反也跛能履不足

以與行戶郎反也咥人之凶位不當

十一唐四十二宕二韻也武人爲于大君志剛

十一唐也愬愬終吉志行見上也夬履
貞厲位正當見上也元吉在上大
有慶音羌也
泰拔茅征吉志在外十四泰也包
荒得尚于中行以光大十四泰也无
往不復天地際十三祭也翩翩不富
皆失實五質說見蒙卦也不戒以孚中心
願二十五願也以祉元吉中以行願見上

也城復于隍其命亂二十九換也此傳以去入通爲一韻

否拔茅貞吉志在君二十文也大人否亨不亂羣二十文也包羞位不當十一唐四十二宕二韻也有命无咎志行戶郎反也大人之吉位正當見上也否終則傾何可長十陽三十六養二韻也

同人　出門同人又誰咎四十四有也

同人于宗吝道(三十二晧)也伏戎于莽敵剛(十一唐)也三歲不興安行(戶郎反)也乘其墉義弗克(二十五德)也其吉則困而反則(二十五德)也同人之先以中直(二十四職)也大師相遇言相克(二十五德)也同人于郊志未得(二十五德)也

大有　大有初九无交害(十四泰)也大車以載積中不敗(十七夬)也公用

亨于天子小人害見上也匪其彭无咎明辯晢十七薛轉音制字从折从日陸德明釋文章舌反王廙作晣同音徐李之世反鄭本作遰云讀如明星晢晢之晢陸本作逝虞作折也厥孚交如信以發志七志也威如之吉易而无備六至也大有上吉自天祐古音以考易祐字凡二見楚辭一見竝同後人混入四十九宥韻也此傳以上去入通爲一韻

謙謙謙君子卑以自牧古音墨見詩出車也鳴謙貞吉中心得二十五德也勞謙

君子萬民服（蒲北反）也无不利撝謙不違則（二十五德）也利用侵伐征不服（見上）也鳴謙志未得（見上）也可用行師征邑國（二十五德）也

豫盱豫有悔位不當（十一唐四十二宕二韻）也由豫大有得志大行（戶郎反）也六五貞疾乘剛（十一唐）也恆不死中未亾（十陽）也冥豫在上何可長（十陽三十六養二韻）

也
隨官有渝從正吉五質也出門
交有功不失五質也係小子弗兼
與八語也係丈夫志舍下音戶也隨
有獲其義凶三鍾也有孚在道明
功一東也孚于嘉吉位正中一東也
拘係之上窮一東也
蠱幹父之蠱意承考三十二晧也幹

母之蠱得中道三十二晧也幹父之蠱終无咎四十四有也裕父之蠱往未得二十五德也幹父用譽承以德二十五德也不事王侯志可則二十五德也

臨

咸臨貞吉志行正四十五勁說見乾彖傳也咸臨吉无不利未順命彌吝反也甘臨位不當十一唐四十二宕二韻也既憂之咎不長十陽三十六養二韻也至臨无咎位當

見上也大君之宜行中之謂八未也敦臨之吉志在內十八隊也觀初六童觀小人道三十二晧也闚觀女貞亦可醜四十四有也觀我生進退未失道見上也觀國之光尚賓十七眞也觀我生觀民十七眞也觀其生志未平十二庚說見乾彖傳也

噬嗑屨校滅趾不行戶郎反也噬

膚滅鼻乘剛（十一唐）也遇毒位不當

（十一唐四十二宕二韻）也利艱貞吉未光（十一唐）也

貞厲无咎得當（見上）也何校滅耳

聰不明（彌郎反）也

賁舍車而徒義弗乘（十六蒸）也賁

其須與上興（十六蒸）也永貞之吉終

莫之陵（十六蒸）也六四當位疑（七之）也

匪寇婚媾終无尤（古音羽其反見詩載馳）也六

五之吉有喜六止也白賁无咎上得志七志也此傳以平上去通爲一韻剥剥牀以足以滅下音戶也剥牀以辨未有與八語也剥之无咎失上下見上也剥牀以膚切近災十六咍也以宫人寵終无尤羽其反也君子得輿民所載十九代也小人剥廬終不可用三用　廣韻余頌反說文庸用也左傳襄二十五年正義曰庸聲近用故爲用也詩

（小旻以用韻卭老子以用韻動則此音古今無異而夫子傳易兩用此字剝與載韻豐與事韻葢不可曉）也（此傳以平去通爲一韻）

復　不遠之復以修身（十七眞）也休復之吉以下仁（十七眞）也頻復之厲義无咎（四十四有）也中行獨復以從道（三十二晧）也敦復无悔中以自考（三十二晧）也迷復之凶反君道（見上）也

无妄　无妄之往得志（七志）也不

耕穫未富方二反也行人得牛邑人災十六哈也可貞无咎固有之七之也无妄之藥不可試七志也无妄之行窮之災見上也此傳以平去通爲一韻

大畜有厲利己不犯災十六哈也輿說輹中无尤羽其反也利有攸往上合志七志也六四元吉有喜六止也六五之吉有慶音羌也何天之

衢道大行（戸郎反）也（此傳以平上去通爲一韻）

頤 觀我朶頤亦不足貴（八未）也 六二征凶行失類（六至）也 十年勿用道大悖（十八隊）也 顚頤之吉上施光（十一唐）也 居貞之吉順以從上（三十六養四十一漾二韻）也 由頤厲吉大有慶（音羌）也（此傳以平去通爲一韻）

大過 藉用白茅柔在下（音戸）也

老夫女妻過以相與（八語）也楝橈
之凶不可以有輔（九麌）也楝隆之
吉不橈乎下（見上）也枯楊生華何
可久（音韭說見臨彖傳）也老婦士夫亦可醜
（四十四有）也過涉之凶不可咎（四十四有）也

坎

習坎入坎失道凶（三鍾）也求
小得未出中（一東）也來之坎坎終
无功（一東）也樽酒簋貳剛柔際（十三祭）

也坎不盈中未大（十四泰）也上六失道凶三歲（十三祭）也

離履錯之敬以辟咎（四十四有）也黃離元吉得中道（三十二晧）也日昃之離何可久（音非說見臨彖傳）也突如其來如无所容（三鍾）也六五之吉離王公（一東）也王用出征以正邦（博工反）也

咸咸其拇志在外（十四泰）也雖凶

居吉順不害十四泰也咸其股亦不處八語也志在隨人所執下音戶也貞吉悔亾未感害見上也憧憧往來未光大十四泰也咸其脢志末十三末也咸其輔頰舌滕口說十三祭十七薛二韻也此傳以去入通爲一韻

恆　浚恆之凶始求深二十一侵說見屯卦唐韓愈送李愿歸盤谷序以深叶容本此不知深字自有正音詩瞻卬與今爲韻是也也九二悔

以能久中一東也不恆其德无所容三鍾也久非其位安得禽二十一侵說見屯卦也婦人貞吉從一而終一東也夫子制義從婦凶三鍾也振恆在上大无功一東也

遯

遯尾之厲不往何災十六咍也執用黃牛固志七志也係遯之厲有疾憊十六怪也畜臣妾吉不可大

事七志也君子好遯小人否五旨也
嘉遯貞吉以正志七志也肥遯无
不利无所疑七之也此傳以平上去通爲一韻
大壯壯于趾其孚窮一東也九
二貞吉以中一東也小人用壯君
子罔三十六養也藩決不羸尚往三十六養也
喪羊于易位不當十一唐四十二宕二韻也不
能退不能遂不詳十陽也艱則吉

咎不長十陽三十六養二韻也此傳以平上通爲一韻

晉晉如摧如獨行正四十五勁說見乾彖傳也裕无咎未受命彌吝反也受茲介福以中正見上也衆允之志上行戶郎反也鼫鼠貞厲位不當十一唐四十二宕二韻也失得勿恤往有慶音羌也維用伐邑道未光十一唐也

明夷　君子于行義不食二十四職也

六二之吉順以則二十五德也南狩之志乃大得二十五德也入于左腹獲心意七志也箕子之貞明不可息二十四職也初登于天照四國二十五德也後入于地失則見上也此傳以去入通爲一韻

家人閑有家志未變三十三線也六二之吉順以巽二十六恩也家人嗃嗃未失五質也婦子嘻嘻失家節十六屑

也富家大吉順在位六至也王假
有家交相愛十九代也威如之吉反
身之謂八未也
睽見惡人以辟咎四十四有也遇主
于巷未失道三十二晧也見輿曳位不
當十一唐四十二宕二韻也无初有終遇剛十一唐
也交孚无咎志行戶郎反也厥宗噬
膚往有慶音羌也遇雨之吉羣疑

亾十陽也

蹇往蹇來譽宜待十五海　鄭本作宜待時也於韻更切也王臣蹇蹇終无尤羽其反也往蹇來反內喜之七之也往蹇來連當位實五質也大蹇朋來以中節十六屑也往蹇來碩志在內十八隊也利見大人以從貴八未也此傳以平上通爲一韻

解剛柔之際義无咎四十四有也九

二貞吉得中道三十二晧也負且乘亦
可醜四十四有也自我致戎又誰咎見上
也解而拇未當位六至也君子有
解小人退十八隊也公用射隼以解
悖十八隊也
損已事遄往尚合志七志也九
二利貞中以爲志見上也一人行
三則疑七之也損其疾亦可喜六止

也六五元吉自上祐音以也弗損
益之大得志見上也此傳以平上去通爲一韻
益　元吉无咎下不厚事七志也
或益之自外來十六哈也益用凶事
固有之七之也告公從以益志七志
也有孚惠心勿問之見上矣惠我
德大得志見上也莫益之偏辭七之
也或擊之自外來見上也此傳以平去通爲一韻

夬　不勝而往咎（四十四有）也有戎勿恤得中道（三十二晧）也君子夬夬終无咎（見上）也其行次且位不當（十一唐四十二宕二韻）也聞言不信聰不明（彌郎反）也中行无咎中未光（十一唐）也无號之凶終不可長（十陽三十六養二韻）也

姤　繫于金柅柔道牽（一先）也包有魚義不及賓（十七眞）也其行次且

行未牽見上也无魚之凶遠民[illegible]眞

也九五含章中正十四清四十五勁二韻說見乾彖傳也

有隕自天志不舍命彌吝反也姤其

角上窮吝二十一震也此傳以平去通爲一韻

萃乃亂乃萃其志亂二十九換也引

吉无咎中未變三十三線也往无咎上

巽二十六慁也大吉无咎位不當十一唐四十二宕二

韻也萃有位志未光十一唐也齎咨

漭瀁未安上（三十六養四十一漾二韻）也（此傳以平去通爲一韻）升允升大吉上合志（七志）也九二之孚有喜（六止）也升虛邑无所疑（七之）也王用亨于岐山順事（七志）也貞吉升階大得志（見上）也冥升在上消不富（方二反）也（此傳以平上去通爲一韻）困入于幽谷幽不明（彌郎反）也困于酒食中有慶（音羌）也據于蒺藜

乘剛十一唐也入于其宮不見其妻不祥十陽也來徐徐志在下音戶也雖不當位有與八語也劓刖志未得二十五德也乃徐有說以中直二十四職也利用祭祀受福方墨反也困于葛藟未當十一唐四十二宕二韻也動悔有悔吉行戶郎反也

井井泥不食下音戶也舊井无

禽時舍古音暑見詩何人斯八語也井谷射鮒无與也井渫不食行惻二十四職也求王明受福方墨反也井甃无咎修井四十靜也寒泉之食中正十四清四十五勁二韻也元吉在上大成十四清也此傳以平上通爲一韻

革鞏用黃牛不可以有爲古音譌見詩相鼠也已日革之行有嘉九麻也革言三就又何之七之矣改命之吉

信志也七志　此傳以平去通爲一韻
鼎鼎顛趾未悖十八隊也利出否
以從貴八未也鼎有實慎所之七之
也我仇有疾終无尤羽其反也鼎耳
革失其義古音魚賀反書洪範無偏無頗遵王之義後人誤入五寘韻也覆
公餗信如何七歌也鼎黃耳中以
爲實五質也玉鉉在上剛柔節十六屑
也此傳以平去通爲一韻

震震來虩虩恐致福方墨反也笑言啞啞後有則二十五德也震來厲乘剛十一唐也震蘇蘇位不當十一唐四十二宕二韻也震遂泥未光十一唐也震往來厲危行戶郎反也其事在中大无喪十一唐四十二宕二韻也震索索中未得二十五德也雖凶无咎畏鄰戒十六怪說見詩采薇也此傳以去入通爲一韻

艮艮其趾未失正四十五勁也不拯

其隨未退聽四十六經也艮其限危薰心二十一侵說見屯卦　吴棫韻補心思容切引漢東方朔七諫賢士窮而隱處兮廉方正而不容子胥諫而靡軀兮比干忠而剖心也艮其身止諸躬一東也艮其輔以中一東正本義羨文也敦艮之吉以厚終一東也

漸

小子之厲義无咎四十四有也飲食衎衎不素飽三十一巧也夫征不復離羣醜四十四有也婦孕不育失其道

三十二晧也利用禦寇順相保三十二晧也或

得其桷順以巽二十六慁也終莫之勝

吉得所願二十五願也其羽可用爲儀

吉不可亂二十九換也

歸妹　歸妹以娣以恒十七登也跛

能履吉相承十六蒸也利幽人之貞

未變常十陽也歸妹以須未當十一唐四

十二宕二韻也愆期之志有待而行戶郎反

也帝乙歸妹不如其娣之袂良
十陽也其位在中以貴行見上也上
六无實承虛筐十陽也
豐雖旬无咎過旬災十六哈也有
孚發若信以發志七志也豐其沛
不可大事七志也折其右肱終不
可用三用說見剥卦也豐其蔀位不當十一唐四
韻十二宕二也日中見斗幽不明彌郎反也

遇其夷主吉行(戶郎反)也六五之吉有慶(音羌)也豐其屋天際翔(十陽)也闚其戶闃其无人自藏(十一唐)也(此傳以平去通爲一韻)

旅　旅瑣瑣志窮災(十六咍)也得童僕貞終无尤(羽其反)也旅焚其次亦以傷(十陽)矣以旅與下其義喪(十一唐四十二宕二韻)也旅于處未得位(六至)也得

其資斧心未快（十七夬）也終以譽命
上逮（十九代）也以旅在上其義焚（二十文）
也喪牛于易終莫之聞（二十文）也
巽進退志疑（七之）也利武人之
貞志治（七之七志二韻）也紛若之吉得中
（一東）也頻巽之吝志窮（一東）也田獲
三品有功（一東）也九五之吉位正
中（一東）也巽在牀下上窮（見上）也喪

其資斧正乎凶三鍾也

兌和兌之吉行未疑七之也孚

兌之吉信志七志也

一來兌之凶位不當十一唐四十二宕二韻也

九四之喜有慶音羌也

孚于剥位正當見上也

上六引兌未光十一唐也此傳以平去通爲一韻

渙初六之吉順二十二稕也

渙奔其机得願二十五願也

一渙其躬志在外十四泰

也渙其羣元吉光大十四泰也王居
无咎正位六至也渙其血遠害十四泰
也
節　不出戶庭知通塞二十五德也不
出門庭凶失時極二十四職也不節之
嗟又誰咎四十四有也安節之亨承上
道三十二晧也甘節之吉居位中一東也
苦節貞凶其道窮一東也

中孚初九虞吉志未變（三十三線）也

其子和之中心願（二十五願）也或鼓或

罷位不當（十一唐四十二宕二韻）也馬匹亾絕

類上（三十六養四十一漾二韻）也有孚攣如位正

當（見上）也翰音登于天何可長（十陽三十六養二韻）也（此傳以平上通爲一韻）

小過飛鳥以凶不可如何（七歌）

也不及其君臣不可過（八戈）也從

或戕之凶如何(尾上)也弗過遇之位不當(十一唐四十二宕二韻)也往厲必戒終不可長(十陽三十六養二韻)也密雲不雨已上(三十六養四十一漾二韻)也弗遇過之已亢(四十二宕)也(此傳以平去通爲一韻)

既濟

曳其輪義无咎(四十四有)也七日得以中道(三十二晧)也三年克之憊(十六怪)也終日戒有所疑(七之)也東鄰

殺牛不如西鄰之時七之也實受其福吉大來十六哈也濡其首厲何可久音几也此傳以平上去通爲一韻

未濟　未濟征凶位不當十一唐四十二宕二韻也貞吉悔亡志行戶郎反也君子之光其暉吉五質也飲酒濡首亦不知節十六屑也

易音卷之二終

易音卷之三

繫辭上傳

一章　鼓之以雷霆潤之以風雨九麌　日月運行一寒一暑八語　乾道成男坤道成女八語　乾以易知五支　坤以簡能古音奴來反見詩賓之初筵　易則易知簡則易從三鍾　易知則有親易從則有功一東

三章是故列貴賤者存乎位（六至）齊小大者存乎卦（十五卦）辯吉凶者存乎辭（七之）憂悔吝者存乎介（十六怪）震无咎者存乎悔（十八隊）是故卦有小大（十四泰）辭有險易（五寘）辭也者各指其所之（七之此章以平去通爲一韻）

七章成性存存（二十三魂）道義之門（二十三魂）

八章　君子之道或出或處（八語）或默或語（八語）二人同心（二十一侵）其利斷金（二十一侵）同心之言（二十二元）其臭如蘭（二十五寒）君不密則失臣（十七眞）臣不密則失身（十七眞）幾事不密則害成（十四清說見乾彖傳）負也者小人之事也（七志）乘也者君子之器也（六至）小人而乘君子之器盜思奪（十三末）之矣上慢

下暴盜思伐十月之矣

十二章　天之所助者順二十二稕也

人之所助者信二十一震也履信思乎

順見上又以尚賢一先也此章以平去通爲一韻

繫辭下傳

一章　爻五肴也者效三十六效此者也

象三十六養也者像三十六養此者也此章以平去通爲一韻

二章　仰則觀象於天俯則觀

法於地古音陀見詩斯干觀鳥獸之文與地之宜古音魚何反見詩君子偕老作結繩而爲罔罟十姥以佃以漁九魚以平上通爲一韻斲木爲耜六止揉木爲耒十八隊以上去通爲一韻通其變三十三線使民不倦三十三線神而化古音毀禾反考化字易一見楚辭五見竝同後人誤入四十禡韻之使民宜之見上以平去通爲一韻服牛乘馬古音姥見詩漢廣引重致遠以利天下音戶重門擊柝十九鐸

以待暴客〔二十陌〕斷木爲杵掘地爲臼〔古音其以反淮南子以臼韻侶後人混入四十四有韻〕臼杵之利〔六至〕萬民以濟〔十二霽以上去通爲一韻〕上古穴居而野處〔八語〕後世聖人易之以宮室上棟下宇〔九麌〕以待風雨〔九麌〕古之葬者厚衣之以薪葬之中野〔古音神與反見詩燕燕〕不封不樹〔十遇〕喪期无數〔十遇〕後世聖人易之以棺椁

十九鐸　轉音故史記滑稽傳漢書楊王孫傳竝同　以上去入通爲一韻

上古結繩而治七志後世聖人易之以書契十二霽百官以治見上萬民以察十四黠以去入通爲一韻

三章是故易者象三十六養也象也者像三十六養也

五章天下何思何慮九御天下同歸而殊塗十一模一致而百慮見上

天下何思何慮見上一日往則月來
月往則日來日月相推而明生十二庚
焉寒往則暑來暑往則寒來
寒暑相推而歲成十四清焉往者屈
也來者信也屈信相感而利生見上一
焉尺蠖之屈以求信音申今廣韻十七眞部但有伸字
也龍蛇之蟄以存身十七眞也一
君子知微知彰十陽知柔知剛十一唐

萬夫之望十陽—天地絪縕廣韻作昷二十文

晉潘岳贈陸機詩肇自初創二儀烟熅音於云切萬物化醇十八諄—男女

構精十四清萬物化生十二庚

八章　易之爲書也不可遠二十阮二十五願二韻爲道也屢遷二仙以平上通爲一韻—變動

不居九魚周流六虛九魚—上下无常

剛柔相易二十二昔不可爲典要唯變

所適二十二昔—其出入以度十一暮—外內使

易音　卷三　五

知懼（十遇）又明於憂患與故（十一暮）无有師保如臨父母（滿補反說見詩綴煉　以上去通爲一韻）初率其辭而揆其方（十陽）既有典常（十陽）苟非其人道不虛行（戶郎反）

九章　易之爲書也原始要終以爲質（五質）也六爻相襍唯其時物（八物）也其初難知其上易知本末（十三末）也　二多譽（九魚九御二韻）四多懼

（十遇）一三多凶（三鍾）五多功（一東）

十一章危者使平（十二庚）易者使

傾（十四清）其道甚大（十四泰）百物不廢（二十廢）

十二章天地設位聖人成能

（奴來反）人謀鬼謀（古音媒見詩泉水）百姓與能（見上）

變動以利言（二十二元）吉凶以情遷

（二仙）

文言傳

乾　庸言之信（二十一震）庸行之謹（十九隱）

（以上去通爲一韻）是故居上位而不驕（四宵）在下位而不憂（十八尤）同聲相應同氣相求（十八尤）水流溼火就燥（三十二晧）

（以平上通爲一韻）雲從龍風從虎（十姥）聖人作而萬物覩（十姥）本乎天者親上本乎地者親下（音戶）潛龍勿用下（音戶）也見龍在田時舍（音暑）也終日

乾乾行事七志也或躍在淵自試七志也飛龍在天上治七之七志二韻也亢龍有悔窮之災十六咍也乾元用九天下治見上也以平上通爲一韻潛龍勿用陽氣潛藏十一唐見龍在田天下文明彌郎反終日乾乾與時偕行戶郎反或躍在淵乾道乃革音棘飛龍在天乃位乎天德二十五德亢龍有悔與時偕

極二十四職乾元用九乃見天則二十五德
大哉乾乎剛健中正十四清四十五勁二韻說見乾彖傳
純粹精十四清也六爻發揮旁通情
十四清也時乘六龍以御天一先也雲
行雨施天下平十二庚也上不在
天一先下不在田一先上不在天
見上下不在田見上中不在人十七眞
先天而天弗違八微後天而奉天

時七之—天且弗違而況於人十七眞乎
況於鬼神十七眞乎—知存而不知
亾十陽知得而不知喪十一唐四十二宕二韻
坤　坤至柔而動也剛十一唐至靜
而德方十陽後得主而有常十陽含
萬物而化光十一唐　坤道其順乎承
天而時行戶郎反積善之家必有餘
慶音羌積不善之家必有餘殃十陽—

君子敬以直内義以方外十八隊

君子黃中通理六止正位居體十一薺

十四泰一

說卦傳

二章分陰分陽十陽迭用柔剛

故易六位而成章十陽

十一唐

三章天地定位六至山澤通氣

雷風相薄十九鐸水火不相射音石說見

八末一

唐韻正

八卦相錯（十九鐸）數往者順，知來者逆（二十陌）

六章　故水火相逮（十九代）雷風不相悖（十八隊）山澤通氣（八未）然後能變化，既成萬物（八物）也（此章以去入通爲一韻）

雜卦傳

乾剛坤柔（十八尤）比樂師憂（十八尤）臨觀之義，或與或求（十八尤）屯見而不失其居(九魚)蒙襍而著(九御 以平去通爲一韻)震起也(六止)艮止也(六止)損益盛衰之始也(六止)大畜時也(七之)无妄災也(十六咍)萃聚而升不來也(十六咍)謙輕而豫怠也(十五海 以平上通爲一韻)噬嗑食也(二十四職)賁无色也(二十四職)兌見而巽伏也(古音蒲北反見詩靈臺)隨无故也蠱則飭也(二十四職)剝爛也(二十八翰)復反也(二十阮 以上去通爲一韻)晉晝(古音注考書字易一見左傳一)

見竝同後人誤入四十九宥韻也明夷誅十虞也井通而困相遇十遇也以平去通爲一韻咸速也恆久音几也渙離也節止六止也解緩二十四緩也蹇難二十五寒二十八翰二韻也以上去通爲一韻睽外十四泰也家人內十八隊也否泰反其類六至也大壯則止遯則退十八隊也大有衆也同人親十七眞也革去故也鼎取新十七眞也小過過也中孚信二十一震

也（以平去通爲一韻）豐多故（十一暮）親寡旅（八語）也離上而坎下（晉户）也小畜寡（古音古見詩鴻鴈）也履不處（八語）也（以上去通爲一韻）需不進（二十一）也訟不親（十七眞）也大過顛（一先）也（以平去通爲一韻）姤遇也柔遇剛（十一唐）也漸女（一）待男行（户郎反）也頤養正（四十五勁）也既定（四十六徑）也歸妹女之終（一東）也未男之窮（一東）也夬決也剛決柔（十一）

也

君子道長小人道憂尤十八也

唐韻正上平聲卷之一

音學五書　十七

凡韻中之字今音與古音同者卽不復註其不同者乃韻諸相傳之誤則註云古音某並引經傳之文以正之其一韻皆同而中有數字之誤則止就數字註之一東是也一韻皆誤則每字註之四江是也同者半不同者半則同者註其略不同者註其詳且明其本二韻而誤併爲一五支是也一韻皆同無誤則不註二冬三鍾是也餘倣此

一東

弓　居戎切

古音肱　詩大叔于田三章抑釋掤忌抑鬯弓忌　小戎三章虎韔鏤膺交韔二弓竹閉緄縢　采綠三章之子于狩言韔其弓之子于釣言綸之繩　閟宮五章公車千乘朱英綠縢二矛重弓公徒三萬貝冑朱綅烝徒增增戎狄

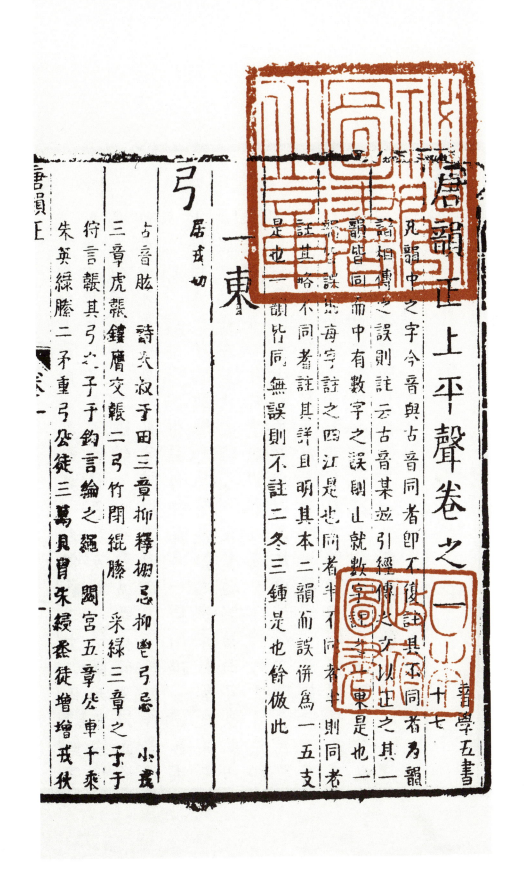

是膺荆舒是懲則莫我敢承　左傳莊二十二年詩曰翹翹車乘招我以弓豈不欲往畏我友朋　楚辭九歌國殤帶長劒兮挾秦弓首雖離兮心不懲誠既勇兮又以武終剛強兮不可陵身既死兮神以靈魂魄毅兮爲鬼雄靈字不入韻　韓非子揚權篇毋弛而弓一棲兩雄　漢枚乘七發將爲太子馴騏驥之馬駕飛軨之輿乘牡駿之乘右夏服之勁箭左烏號之雕弓　宋吳棫韻補曰弓姑弘切春秋昭三十一年邾黑肱以濫來奔公羊傳作黑弓儀禮鄉射禮侯道五十弓弓二寸以爲侯中注今文改弓爲肱　按弓字古無讀居戎反者當改入蒸韻　元戴侗六書故曰弓古音姑弘切而船字从弓詩船與宮宗協見於雲漢弓與繩膺協見於小戎采綠然不知弓非船之聲也　按論語天之曆數在爾躬亦與中窮終爲韻

雄　羽弓切

古音羽陵反　詩無羊三章爾牧來思以薪以蒸以雌以雄爾羊來思矜矜兢兢不騫不崩麾之以肱畢來既升　正月五章謂山蓋卑為岡為陵民之訛言寧莫之懲召彼故老訊之占夢具曰予聖誰知烏之雌雄　左傳襄十年孫文子卜繇兆如山陵有夫出征而喪其雄　正義云古人讀雄與陵為韻詩正月無羊皆以雄韻陵是也　楚辭國殤見上　韓非子見上　素問著至教論此皆陰陽表裏上下雌雄相輸應也　黃石公三略故其衆可望而不可當可下而不可勝以身先人故其兵為天下雄　淮南子覽冥訓夫死生同域不可脅陵勇武一人為三軍雄　兵略訓奇正之相應若水火金木之代為雌雄也善用兵者持五殺以應故能全其勝　漢書元后傳陰為陽雄土火相乘故有沙麓崩後六百四十五年宜有聖女興　漢冀州從事張表碑文懿烈純德繼踵相承于來我君亦邦之雄　魏陳琳神武賦單鼓未伐虜已潰崩克僞馘首梟其魁雄　按雄字自文子符言篇老子曰一言不可窮也二

言天下宗也三言諸侯雄也四言天下雙也列女傳魯寡陶嬰歌悲夫黃鵠之早寡兮七年不雙宛頸獨宿兮不與衆同夜半悲鳴兮想其故雄後人因之誤入東韻

熊

古音同上　春秋宣八年葬我小君敬嬴公羊穀梁傳並作頃熊頃音近敬熊音近嬴正義不得其解乃云一人有兩號非矣　左傳昭七年正義曰張叔皮論云賓爵下革田鼠上騰牛哀虎變鯀化為熊久血為燐積灰生蠅傅玄潛通賦云聲伯忌瓊瑰而弗占兮晝言諸而暮終嬴政沈璧以祈福兮鬼告凶而命窮黃母化而為黿兮鮌殛變而成熊二者所韻不同或疑張叔為能字著作郎王劭曰古人讀雄與熊皆于陵反張叔用舊音傅玄用新音張叔亦作熊也案詩無羊正月及襄十年衛卜禦寇繇皆以雄韻陵劭言是也　以上二字當改入蒸韻

瞢　莫中切

古音莫騰反　左傳襄十四年不與於會亦無瞢焉瞢音莫贈反徐又武登反一音武忠反　今此字兩收於一東十七登部中　按唐岑參寄青城龍谿奐道人詩五嶽之丈人西望青瞢瞢與稜僧凝澄稱燈乘應爲韻獨孤及招北客文白日無光其氣瞢瞢與凝蒸爲韻是唐人固讀爲莫騰反矣　當删去併入登韻

鄸

古音同上　亦作鄸春秋昭二十年曹公孫會自鄸出奔宋鄸音莫公反一音亡增反

夢

玉篇有瞢字亦云莫公默鄧二切今廣韻不收

古音同上　詩雞鳴三章蟲飛薨薨甘與子同夢會且歸矣無庶予子憎　斯干六章乃寢乃興乃占我夢　正月四章瞻彼中林侯薪侯蒸民今方殆視天夢夢既克有定靡人弗勝有皇上帝伊誰云憎　五章見上　漢揚雄甘泉賦般倕棄其剞劂兮王爾投其鉤繩雖方征僑與偓佺兮猶彷彿其若夢　詩視爾夢夢沈音莫登反　亦作㝱淮南子繆稱訓其坐無慮其寢無㝱物來而名事至而應文子同　陳第曰夢莫騰反後轉音蒙晉潘岳哀永逝文既遇目兮無兆曾寤寐兮弗夢既顧瞻兮家道長寄心兮爾躬始音蒙　按石[illegible]魏曹嘉詩周公不足夢亦與中融等字爲韻　張弨曰說文㝱寐字借夢聲音義不同因筆槀偕省詳九經字樣佩觿集　以上二字當改入登韻

馮

房戎切

古音憑　詩緜六章捄之陾陾度之薨薨築之登登削屢馮馮百堵皆興鼛鼓弗勝　晉郭璞山海經飛鼠贊或以

尾翔或以騖之汎汎鼓翰翛然皆騰用無常所惟神是馮

春秋莊二年宋公馮卒馮音皮冰反　山海經冰夷註

冰夷馮夷也竹書作馮夷字或作冰也　說文馮从馬仌

聲　元吾衍閒居録曰舜生諸馮及晉人有馮婦之類皆

音皮冰反古不音房戎反也　今此字兩收於一東十六

蒸部中　按漢書禮樂志安世房中歌桂華馮馮翼翼本

註無音當與憑字音同太玄經廓次六維豐維崇百辟馮

馮伊德攸興馮與下興爲韻不與上崇爲韻至後周祀黃

帝雲門舞歌齊壇芝曄曄清野桂馮馮與同宮中風蔥爲

韻則讀房戎反矣又吳華覈上孫晧文曰洛覈小臣艸芥

凡庸遭眷値眠受恩特隆越從朽壤蟬蛻朝中熙光紫闥

青瑣是憑晉郭璞作元帝哀策文曰大業未恢皇齡未申

天懵其景崑頹其崇煢煢小子藐藐孤沖靡天何戴靡地

何憑恍惚極慕若存若終則幷憑字亦讀爲房戎反蓋此

字之音自吳已誤後周庾信鴛鴦賦以韓憑爲韓馮亦讀

爲房戎反　當刪去幷入蒸韻

汎　古音孚梵反　說文汎从水凡聲　今此字兩收於一東六十梵部中　當削去併入梵韻

芃　古音凡　說文芃从艸凡聲　當改入凡韻

梵　古音扶泛反　今此字兩收於一東六十梵部中　漢都鄉正衞彈碑梵梵黍稷偕作芃芃故入此韻　當削去併入梵韻

風　万戎切

古音方愔反　詩綠衣四章絺兮綌兮淒其以風我思古人寔獲我心　邶谷風首章習習谷風以陰以雨黽勉同心不宜有怒風與心爲韻　晨風首章鴥彼晨風鬱彼北林未見君子憂心欽欽　何人斯四章彼何人斯其爲飄風胡不自北胡不自南胡逝我梁祇攪我心　桑柔六章如彼遡風亦孔之僾民有肅心荓云不逮風與心爲韻　烝民八章吉甫作誦穆如清風仲山甫永懷以慰其心　楚辭九章涉江乘鄂渚而反顧兮欸秋冬之緒風步余馬兮蘭皋邸余車兮芳林　哀郢登大墳以遠望兮聊以舒吾憂心哀州土之平樂兮悲江介之遺風　管子版法篇兼愛無遺是謂君心必先順教萬民鄉風旦暮利之衆乃勝任　孫子軍爭篇故其疾如風其徐如林　莊子秋水篇夔憐蚿蚿憐蛇蛇憐風風憐目目憐心　韓非子揚權篇枝大本小將不勝春風不勝春風枝將害心公子既衆宗室憂唫　淮南子說林訓有山無林有谷無風有石無金　文子下德篇內能理身外得人心發施號令天下從

風　漢書禮樂志郊祀歌朝隴首篇流星隕感惟風籥歸雲撫懷心　司馬相如上林賦紛溶箾蔘猗狔從風　長門賦廓獨潛而專精兮天飄飄而疾風登蘭臺而遙望兮神怳怳而外淫　枚乘七發梧桐并閭極望成林衆芳芬鬱亂於五風從容猗靡消息陽陰列坐縱酒蕩樂娛心景春佐酒杜連理音　游涉乎雲林周馳乎蘭澤弭節乎江潯掩青蘋遊清風陶陽氣蕩春心逐狡獸集輕禽　東方朔七諫便娟之修竹兮寄生乎江潭上葳蕤而防露兮下泠泠而來風孰知其不合兮若竹柏之異心　鹽鐵論文繫於春華無效於抱風飾虛言以亂實道古以害今　易林睽之巽露宿多風君子傷心　京房易傳衆逆同志至德乃潛厥咎風　韓詩外傳子貢曰嚮子之言穆如清風不悖我語和暢我心於此有琴而無軫願借子調其音列女傳阿谷處女篇同　頌曰孔子出游阿谷之南異其處子欲觀其風子貢三反女辭辯湥子曰達情知禮不淫揚雄蜀都賦其布則細都弱折綿繭成衽阿麗纖靡避

晏與陰蜘蛛作絲不可見風箭中黃潤一端數金　馮衍顯志賦沮先聖之成論兮邈名賢之高風忽道德之珍麗兮務富貴之樂耽　張衡思玄賦收疇昔之逸豫兮卷淫放之遐心修初服之娑娑兮長余珮之參參文章奐以粲爛兮美紛紜以從風御六藝之珍駕兮游道德之平林七辯美哉吾子之誨穆如清風啟乃嘉猷寔慰我心　李尤牖銘天設窗牖開炎照陰施于明堂以象八風　蔡邕荅對元式詩君子博文貽我德音辭之集矣穆如清風魏卞蘭贊述太子賦天下延頸歌頌德音聞之於古見之於今深不可測高不可尋創法萬載乘此休風　晉戴凱之竹譜薟竹所生大抵江南上密防露下疏來風連畝接町竦散岡潭　今山西人讀風猶作方愔反按說文風从虫凡聲似當讀方凡反左傳襄二十九年渢渢乎韋昭音凡徐邈音敷劒反颿亦音凡說文颿从馬風聲今南人謂帆爲蓬猶之謂方凡之風爲方戎也　釋名風兗豫司橫口合脣言之風氾也其氣博氾而動物也青徐言風踧口

開脣推氣言之風放也氣放散也　按風字自漢王褒洞簫賦吟氣遺響聯綿漂撇生微風兮連延駱驛變無窮兮班固東都賦覲明堂臨辟雍揚緝熙宣皇風馬融長笛賦簫管備舉金石並隆無相奪倫以宣八風始變古音以後邊讓章華臺賦禰衡顏子碑蔡琰胡笳十八拍魏文帝黎陽作陳思王雜詩劉楨贈從弟無不讀爲方戎反矣

楓

古音同上　楚辭招魂朱明承夜兮時不可淹皋蘭被徑兮斯路漸湛湛江水兮上有楓目極千里兮傷春心魂兮歸來哀江南　漢張衡西京賦木則樅栝椶楠梓棫楩楓嘉卉灌叢蔚若鄧林　以上二字當改入侵凡韻　渢葻等字從風得聲俱當改入侵凡韻餘倣此不悉書

二冬

古與一東通爲一韻

三鍾

古與一東二冬通爲一韻

四江

古與一東二冬三鍾通爲一韻　宋吳棫韻補四江古通陽或轉入東非

古雙切

江

古音工　楚辭九章哀郢將運舟而下浮兮上洞庭而下江去終古之所居兮今逍遥而來東悲回風馮崑崙以瞰霧兮隱岷山以清江憚涌湍之磕磕兮聽波聲之洶洶

荀子成相篇禹有功抑下鴻辟除民害逐共工北決九

河通十二渚疏三江　欲衷對言不從恐爲子胥身離凶
進諫不聽剄而獨鹿棄之江　漢東方朔七諫痛忠言之
逆耳兮恨申子之沈江願悉心之所聞兮遭値君之不聰
淮南子說林訓晉陽處父伐楚以救江故解捽者不在
於捌格在於批伉伉音亢廣韻作抗三鍾二腫部中竝有
此字　修務訓禹耳參漏是謂大通興利除害疏河決江
禮含文嘉同　白虎通同　史記龜策傳故云神至能
見夢於元王而不能自出漁者之籠身能十言盡當不能
通使於河還報於江　易林晉之旣濟見下　睽之臨霖
雨不止流爲河江南國憂凶　楊雄蜀都賦百金之家千
金之公乾池泄澳觀魚于江　越絕書記吳王占夢胥爲
人先知忠信中斷之入江聖正言直諫身死無功　黃香
九宮賦碎太山而刺嵩高吸洪河而啜九江登崑崙之鼇
臺闚天門而閃帝宮言嘉命而延壽樂斯宮之無窮　楊
修五湖賦頭首無錫足蹄松江負烏程於背上懷大吳以
當胷　魏王粲贈蔡子篤詩翼翼飛鸞載飛載東我友云

徂言戾舊邦舫舟翩翩以泝大江蔚矣荒塗時行靡通慨我懷慕君子所同　陳思王九愁賦俗參差而不齊豈毁譽之可同競昏瞀以營私害予身之奉公共朋黨而妬賢俾予濟乎長江　磐石篇見下　禹治水贊嗟夫夏禹實勞水功西鑿龍門疏河道江梁岐既闢九州以同天錫玄圭奄有萬邦　吳鼓吹曲關背德篇巍巍夫睢主睿德與玄通與玄通親任呂蒙泛舟洪汜池瀰沵長江　晉鞞舞歌大晉篇吳人放命憑海阻江飛書告諭響應來同　晉書五行志吳孫皓天紀中童謡曰阿童復阿童銜刀游渡江不畏岸上虎但畏水中龍　元帝紀太安之際童謡云五馬浮渡江一馬化爲龍　宋書五行志竝同　左思蜀都賦結陽成之延閣飛觀榭乎雲中開高軒以臨山列綺窗而瞰江　吳都賦鳥則鵾雞鸀鳿鸘鵠鷺鴻鶢鶋避風候鴈造江　嶰澗闐岡岵童罾罘滿效獲衆迴靶乎行睨觀漁乎三江汎舟航於彭蠡渾萬艘而既同　陸機漢高帝功臣頌穎陰銳敏屢爲軍鋒奮戈東城禽項定功乘風

藉響高步長江收吳引淮炎啟于東　陸雲贈鄭曼季詩
瞻彼高岡有猗其桐允也君子實寶南江　潘岳滄海賦
無遠不集靡幽不通羣溪俱息萬流來同含三河而納四
瀆朝五湖而夕九江　傅玄口賦陸斷犀兕水截輕鴻灑
奔駟於中衢斬雙蛟於大江將以威天下而禦羣凶　棗
賦北陰塞門南臨三江或布燕趙或廣河東　石崇思歸
歎登城隅兮臨長江極望無涯兮思塡胷　摯虞太康頌
天難既降時惟鞠凶龍戰虎爭分裂遐邦偏僭岷蜀度逆
海東權乃乘間割據三江　郭璞江賦揚縞毦擢紫茸蔭
潭隩被長江繁蔚芳蘺隱藹水松涯灌芊蕇潛薈葱蘢
山海經鍾山之子鼓欽䲹贊欽䲹及鼓是殺祖江帝乃戮
之崑崙之東二子皆化矯翼亦同　帝江贊質則混沌神
則旁通自然靈照聽不以聰強爲之名曰惟帝江　應碩
祝社文嘉肴綺錯白茅薦恭有肉如坻有酒如江社君既
眷祇肅威容　陶潛停雲詩停雲靄靄時雨濛濛八表同
昬平陸成江有酒有酒閒飲東總願言懷人舟車靡從

贈長沙公族祖詩伊余云遘在長忘同笑言未久逝焉西東遙遙三湘滔滔九江山川阻遠行李時通　支曇諦廬山賦映以竹柏蔚以樞松縈以三湖帶以九江嗟四物之蕭森爽獨秀於玄冬　後漢書王劉張李傳贊天地閉革野戰羣龍昌芳僭詐梁齊連鋒寵負強地懸縈漢江實惟非律代委神邦　宋謝靈運山居賦近西則楊賓接峰唐皇連縱室壁帶谿曾孫臨江竹緣浦以被綠石照澗而映紅　田南樹園激流植援詩卜室倚北阜啟扉面南江激澗代汲井插槿當列墉羣木既羅戶衆山亦當窻靡迤趨下田迢遞瞰高峰　謝惠連豫章行軒帆遡遙路薄送瞰遐江舟車理殊緬密友將遠從九里樂同潤二華念分峰集歡豈今發離歎自古鍾　鮑照游思賦雲徑兮海衝上潮兮送風秋水兮駕浦涼煙兮冒江暮氣起兮遠岸黑陽精滅兮天際紅波沄沄兮無底山森森兮萬重　還都口號陰沈烟塞合蕭瑟涼海空馳霜急歸節幽雲慘天容旌鼓貫玄塗羽鷁被長江君王遲京國游子思鄉邦　與荀

中書別詩親交篤離夔眷戀置酒終敷文勉征念發藻慰
愁容思君吟涉洧撫已謠渡江慙無黃鶴翅安得久相從
何承天社頌霸德方將世號共工厥有才子寔曰勾龍
稱物平賦百姓熙雍唐堯救災決河流江棄亦播殖作乂
萬邦克配二祀以報勳庸　梁江淹哀千里賦山則異嶺
奇峰橫嶼帶江雜樹億尺紅霞萬重　江上之山賦潺湲
頹溶兮楚水而吳江刻劃嶄崒兮雲山而碧峰挂青蘿兮
萬仞豎丹石兮百重　後魏韓顯宗贈李彪詩賈生謫長
沙董儒詣臨江愧無若人跡忽尋兩賢蹤追笛渠閣游策
鶩廁羣龍如何情願奪飄然獨遠從痛哭去舊國銜淚屆
新邦哀哉無援民嗷然失侶鴻彼蒼不我聞千里告志同
陽周演賾賦始樓桑而發輝兮終龍變於巴庸繞閶門
而結慶兮鬱蟬蛻於三江　唐張說鄧國夫人墓誌銘遠
矣皇祖肇自伯宗靈基在晉華胄陵江尹兹西楚宅是南
邦高蓋結轍圓冠比蹤　主簿崔訥妻墓誌銘崔實齊胄
劉亦漢宗崇其顯媾望偶族雙闔闈是穆饋奠斯恭貞歌

浮漢孝室洞江珪璿其節桃李具容守音偕老胡寧幽凶
朝槿飛陌春蘿墜松夫傷子慕去此何從百歲之後魂兮
合封　李華寄趙七侍御詩緯卿陷非罪折我昆吾鋒茂
挺獨先覺拔身渡京江斯人謝明代百代墜鵷鴻世故墜
橫流與君哀路窮通篇皆用東冬鍾韻　平原公遺德頌
專征獯戎或褰或通易簡昭融帝命平原八州提封湊湖
大江　嚴子陵贊網羅徧野乃致雲鴻降尊申舊延臥禁
中舒體展肢加于帝躬星官告占天下聞風富春長往澈
濯清江　李翱別灊山神文翱自去歲來臨此邦遭罹炎
旱淮左畢同鄰郡逃亡十家六空惟此舒人安業于農我
政無能溝此歲凶災同報異乃神之聰事幸無敗譽斯有
融遂忝帝命復官南宮皆神所祐我亦何功將赴京邑路
沿大江遣使告辭神繫余衷　柳宗元湘源二妃廟碑銘
邑令羣吏告于君公廉用積餘以就爾功梓木負塡載流
于江既夷以成崇宇峻墉絜嚴清閒左右率從神樂來歸
徒御雍雍　水經注引廣雅曰江貢也風俗通曰出珍物

可貢獻釋名曰江公也小水流入其中所公共也　說文江从水工聲　陳第曰江音工周禮六書三曰諧聲江河是也說文以工得聲後世之音去諧聲遠矣　按江古音工紅古亦音工宋洪适隸釋云漢桂陽太守周府君頌碑曲江字凡十九見皆作曲紅綏民校尉熊君碑及頌曲江字亦作曲紅而史記漢書孝文紀大功小功作大紅小紅孝景孝哀紀女工作女紅酈食其董仲舒傳工女作紅女是江紅同一音也　又按江字自宋書符瑞志沈演之嘉禾頌白鹿踰海素鳥越江始與攘彰廂陽爲韻　李因篤曰張說岳州餞廣州蕭都督得冬字詩云孤城抱大江節使往朝宗果是臺中舊依然水上逢京華遙比日疲老颯如冬竊羨能言鳥銜恩向九重則律詩中亦借用之矣首句雖出韻然亦以江有工音故可用更考二銘及李華集可見唐開元大曆時江字尚讀爲工也　說文鴻从鳥江聲　楊慎曰今滇人語謂江爲工

扛

古音同上　說文扛从手工聲

釭

古音同上　釋名釭空也其中空也　漢書外戚傳壁帶往往爲黃金釭師古曰釭音工　說文釭从金工聲　今此字三收於一東二冬四江部中　楊慎曰博古圖有王氏銅釭燭錠皆燈燭具也古字少僭虹作釭

玒

古音同上　說文玒从玉工聲　今此字兩收於一東四江部中

舡

古音鍾　今此字兩收於三鍾四江部中　說文作舩舉角也从角公聲

杠

古音工　漢史游急就篇妻婦聘嫁齎媵僮奴婢私隸枕牀杠蒲蒻藺席帳帷幢通章皆用東韻　釋名杠公也衆叉所公共也　說文杠从木工聲

厖

莫江切

古音莫工反　詩長發五章受小共大共爲下國駿厖何天之龍敷奏其勇不震不動不戁不竦百祿是總　荀子引此作駿蒙大戴禮引此作恂蒙　小戎蒙伐有苑釁蒙厖也　文選張衡思玄賦踰厖鴻於宕冥兮五臣本作濛鴻　張昭曰今俗讀若龐形亦譌庬

尨

古音同上　左傳閔二年衣之尨服僖五年狐裘尨茸釋文尨莫江反莫工音蒙詩狐裘蒙戎即尨茸異文　考工記玉人上公用龍鄭司農云龍當爲尨尨謂雜色

駹

古音同上　漢司馬相如難蜀父老因朝冉從駹定筰存邛　易說卦傳震爲雷爲龍虞翻干寶竝作駹虞云蒼色干云雜色李鼎祚作駹亦云蒼色　周禮巾車革路龍勒條纓五就註龍駹也　駹車雚蔽然幦髤飾註故書駹作龍犬人凡幾珥沈辜用駹可也註故書駹作龍　爾雅釋畜面顙皆白惟駹駹音龍

涳

女江切

古音空　說文涳从水空聲　今此字三收於一東四江
部中

窻

楚江切

古音悤亦作牕　晉陸雲詩凱風有集飄颻南窻思樂萬物觀異知同　左思魏都賦其閭閻則長壽吉陽永平思忠亦有戚里寘宮之東閈出長者巷包諸公都護之堂殿居綺窻輿騎朝猥蹀䠯其中　夏侯湛釭燈賦爾乃隱以金翳疏以華籠融素膏於回檠發朱耀於綺窻　庾闡樂賢堂頌游蚪一壑棲鸞一叢川澄華沼樹拂椅桐林有晨風翮有西雍高觀廻雲疏飈倚窻　王康琚詩登山招隱士褰裳躡遺蹤華條當圜室翠葉代綺牕　陶潛詩見上
晉時七日夜女郎歌紫霞烟翠葢斜月照綺窻銜悲握離袂易爾違年容　宋謝靈運田南詩見上　佛影銘敬圖遺蹤疏鑿峻峰周流步欄窈窕房櫳激波映墀引月入窻雲往拂山風來過松　鮑照翫月城西門廨中詩蛾眉

蔽珠櫳玉鉤隔鎖窻三五二八時千里與君同夜移衡漢
落徘徊帷戶中　代陳思王京洛篇鳳樓十二重四戶八
綺牕繡桷金蓮花桂柱玉盤龍　中興歌白日照前牕玲
瓏綺羅中　梁江淹鏡論語篇惟山中兮寂寞沈憂思兮
無從石紅青兮百疊山濃淡兮萬重日下兮口口月出兮
銅峰竹色兮拂戶水氣兮繞窻　包明月前溪歌當曙與
未曙百鳥啼前窻獨眠抱被歎憶我懷中儂單情何時雙
　考工記匠人四旁兩夾窻窻一音忽　左傳文十八年
闢四門明四聰聰本亦作窻七工反　定九年載蔥靈寢
于其中而逃賈逵曰蔥靈衣車也有蔥有靈然則此車前
後有蔽兩旁開蔥可以觀望蔥中竪木謂之靈今人猶呼
二木爲靈子是以蔥爲窻以靈爲櫺也風俗通人君者
闢門開牕聰卽聰字　釋名窻聰也於內窺外爲聰明也
　三國志諸葛誕傳註是時當世俊士散騎常侍夏侯玄
尚書諸葛誕鄧颺之徒共相題表以玄疇四人爲四聰誕
備八人爲八達曹爽傳註附李勝事則曰明帝禁浮華而

人白勝堂有四窻八達各有主名是以四窻爲四聰也按孝經援神契禮含文嘉竝云明堂者八窻四闥故時人偕此爲名　說文窻从穴悤聲　玉篇囪窗同楚江千公二切　按楚江初江同一音左傳定九年蔥靈釋文蔥初江反初江卽初工今人不識江之音工反欲改蔥爲初岡反誤也　又按說文農从晨囪聲囪音蔥故與農相近徐鍇不達乃曰當从凶乃得聲其失甚矣　楊慎曰今俗呼煙突隐猶曰煙聰　張昭曰古文窻皆作囪象形與悤同音

堫

古音子紅反　今此字兩收於一東四江部中

摐

鏦

古音七恭反　史記吳王濞傳使人鏦殺吳王索隱曰鏦音七江反鄒氏又音舂亦音從容之從　南越傳欲鏦嘉以矛索隱曰案字林鏦音七凶反　東越傳卽鏦殺王索隱曰　鏦音窻按窻古音聰與七凶反同爲一音後人不知　註之　說文鏦从金從聲　今此二字兩收於三鍾　部中

邦　博[illegible]

古音博工反　書堯典協和萬邦黎民於變時雍　舜典惟精惟一允執厥中無稽之言勿聽弗詢之謀勿庸衆非元后何戴后非衆罔與守邦　詩節南山十章家父作誦以究王訩式訛爾心以畜萬邦　瞻彼洛矣三章君子至止福祿旣同君子萬年保其家邦　采菽四章維柞之枝其葉蓬蓬樂只君子殿天子之邦樂只君子萬福攸同平平左右亦是率從　思齊二章惠于宗公神罔時怨神罔時恫刑于寡妻至于兄弟以御于家邦　皇矣五章密人

不其敢距大邦侵阮徂共　崧高二章登是南邦世執其功　三章王命申伯式是南邦因是謝人以作爾庸　召旻二章天降罪罟蟊賊內訌昏椓靡共潰潰回遹實靖夷我邦　烈文無封靡于爾邦維王其崇之念兹戎功繼序其皇之　閟宮六章奄有龜蒙遂荒大東至于海邦淮夷來同莫不率從魯侯之功　易否彖傳則是天地不交而萬物不通也上下不交而天下无邦也　蹇彖傳蹇利西南往得中也不利東北其道窮也利見大人往有功也當位貞吉以正邦也　漸彖傳進得位往有功也進以正可以正邦也其位剛得中也止而巽動不窮也　中孚彖傳中孚柔在內而剛得中說而巽孚乃化邦也　師象傳在師中吉承天寵也王三錫命懷萬邦也　大君有命以正功也小人勿用必亂邦也　離象傳突如其來如无所容也六五之吉離王公也王用出征以正邦也　禮記孔子閒居無聲之樂氣志既從無體之禮上下和同無服之喪以畜萬邦　老子修之邦其德乃豐　晏子人君無禮無

以臨其邦大夫無禮官吏不恭父子無禮其家必凶兄弟
無禮不能久同　易林蒙之賁招禍致凶來弊我邦　師
之謙穿胷狗邦僵離旁舂　觀之漸御轡從龍至霍華東
與禹相逢送至子邦　大畜之噬嗑滅夷擁壅使道不通
商旅无功復反其邦　遯之中孚步騎與駟經歷京邦暮
宿北燕與樂相逢　晉之既濟出入門所與道開通杞梁
之信不失日中少季渡江來歸其邦　益之大有張王季
莊莫適爲公政道塞壅周君失邦　漢韋孟諷諫詩至于
有周歷世會同王赧聽譖實絕我邦　在鄒詩濟濟鄒魯
禮義唯恭誦習絃歌異於他邦　劉向九歎聲哀哀而懷
高丘兮心愁愁而思舊邦願承閒而自恃兮徑淫曀而道
壅越絕書紀策考臣主同心遂霸越邦種善圖始蠡能
慮終　白虎通景風至則爵有德封有功涼風至則報地
德化四邦　張衡司空陳公誄纂禹之跡導揚徽庸致訓
京畿協和萬邦萬邦既協殊服來同眇論前績莫與比蹤
蔡邕太尉橋公廟碑左右天子祗厥勳庸庶績既熙黎

民時雍上下謐寧八方和同丕顯伊德作憲萬邦　議郎
胡公夫人哀讚答予考之卽世兮安宅兆于舊邦依存意
以奉匕兮遷靈柩而來同　咨對元式詩伊余有行爰戾
兹邦先進博學同類率從濟濟羣彥如雲如龍　衞覬西
嶽舉山亭碑辭赫赫在上以畜萬邦維嶽降神實生羣公
卿士百辟纘業攸蒙帝命不違歲事報功　圍令趙君碑
辭天寔高唯聖同戲我君羨其蹤體弘仁蹈中庸所臨歷
有休功追景行亦難雙刊金石示萬邦　酸棗令劉熊碑
辭政猶北辰衆星所從三紀有成來臻我邦　用行則達
以誘我邦賴兹劉父用說其蒙澤零年豐黔首歌頌　魏
王粲贈蔡子篤詩見上　蕤賓鍾銘有魏匡國誕成天功
底綏六合纂定庶邦烝民靡戾休徵惟同皇命孔昭造兹
衡鍾　陳思王武帝誄　[illegible]京室帝嘉厥庸乃位丞相總
攝三公允受上爵君臨[illegible]九錫昭備大路火龍　卞太
后誄樊姬霸楚書載其武王有亂孔歎其功我后齊聖
克暢丹聰不出房闥心[illegible]邦　王仲宣誄自君二祖爲

光爲龍僉曰休哉空翼漢邦或統太尉或掌司空百揆惟敘五典克從　上責躬詩超商越周與唐比蹤篤生武皇奕世載聰武則肅烈文則時雍受禪于漢君臨萬邦　磐石篇見下　禹治水贊見上　毋丘儉承露盤銘少昊惟好我后斯同以祈眉壽以保萬邦　嵇康牧馬童子贊奇矣難測襄城小童倦游六合來恕茲邦　阮籍亢父賦禮義不設滔化匪同先哲遺言有昭有聲如何君子栖遲斯邦　吳鼓吹曲關背德篇歷撫江安城大據郢邦虜羽授首百蠻咸來同盛哉無比隆　晉荀勗食舉東西廂樂歌既宴既喜翕是萬邦禮儀卒度物有其容晰晰庭燎喤喤鼓鐘笙磬詠德萬舞象功　正德舞歌干戚發揮節以笙鏞羽籥雲會翊宣令蹤敷美盡善允協時邕煥炳其章光乎萬邦　張華正旦大會行禮歌烈烈景皇克明克聰靜封略定動功成民立政儀刑萬邦式固崇軌光紹前蹤食舉東西廂樂歌九賓在庭臚讚既通升端奠贄乃侯乃公穆穆天尊隆禮動容履端承元吉介福御萬邦　大豫

舞歌羣生屬命奄有庶邦慎徽五典玄敎遐通萬方同軌率土咸雍爰制大豫宣德舞功　齊王攸太子箴輔弼不忠禍及乃船匪徒乃船乃壅乃邦　太公呂望表於鑠我祖時惟太公當殷之末一德玄通上帝有命以錫周邦公及文王二夢惟同上帝既命若時登庸遂作心膂寅亮天工肆伐大商克咸厥功建國胙土俾侯于東奮乎百世聲烈彌洪　傅玄鄉飲酒賦時皇帝親枉萬乘之尊號以幸乎辟雍鹵薄齊列官正其容乃延卿士乃命王公定小會之常儀兮奢殊俗而見遠邦　陸機丞相箴故人不可以不審任不可以不忠捨賢昵讒則喪爾邦　贈弟士龍詩坙翼東畿耀頴名邦綿綿洪統非爾孰崇　陸雲漢高帝盛德頌明明天子有穆其容至止鏘鏘相惟辟公頌此愷悌以畜萬邦思樂皇慶協于時雍　吳故丞相陸公誄天子曰咨我圖乃功錫爾青土建侯于東開國名墟奄宅海邦介圭作寶軒輅以庸　故散騎常侍陸府君誄爰蒞揚邑作尹名邦密邇帝畿大東小東宣敷五教敷化以崇徽

無墜命興無廢功　穆穆天子昭明有融乃命王人禮憲
是崇賜以歸賵榮以贈終冠蓋南徂映族輝邦　潘岳武
帝誄上齊七政下綏萬邦四門穆穆五典克從維清緝熙
於變時雍　闗中詩旣徵爾辭旣蔽爾訟當乃明實否則
證空好爵旣靡顯戮亦從不見賓林伏尸漢邦　左思魏
都賦筭祀有紀天禄有終傳業禪祚高謝萬邦皇情緯矣
帝德沖矣讓其天下臣至公矣　成公綏天地賦辨方正
土經略建邦王圻九服列國一同連城比邑深池高墉康
衢交路四達五通　摯虞太康頌見上　張載酃酒賦未
丕顯於皇都乃潛淪於吳邦往逢天地之否運今遭六合
之開通播殊美於聖代宣至味而大同　木華海賦於是
舟人漁子徂南極東或屑没於黿鼉之穴或挂罥於岑嶅
之峰或掣掣洩洩於裸人之國或汎汎悠悠於黑齒之邦
　戴凱之竹譜竹之堪杖莫尚於笻𥓨砢不凡狀若人功
豈必蜀壤亦産餘邦一曰扶老名實縣同　涼武昭王述
志賦悠悠涼道鞠焉荒凶杪杪余躬迢迢西邦非相期之

唐韻正　卷一　十七

所會諒冥契而來同跨弱水以建基躡崑墟以爲墉總奔駟之駭轡接摧輪於峻峰　後漢書王劉張李傳贊見上

伏侯宋蔡傳贊湛霸奮庸維寧兩邦淮人儒慕徐寇要降　宋王韶之殿前登歌既習威儀亦閑禮容一人有則作孚萬邦　顏延之陶徵士誄孝惟義養道必懷邦天之秉彝不隘不恭爵同下士祿等上農　顏竣七廟迎神歌辭敬恭明祀孝道感通合樂維和展禮有容六舞肅列九變成終神之來思言茲潔衷靈之往矣綏我家邦　何承天社頌見上　鮑照還都口號見上　從拜陵詩傷哉良永矣馳光不再中衰賤謝遠願疲老還舊邦渙德竟何報徒令田陌空　數詩三朝國慶畢休沐還舊邦四牡曜長路輕蓋若飛鴻　荀昶青青河畔艸詩寤寐衾幬同忽覺在他邦　梁昭明太子七契蓋聞智士不希狷介仁者莫有迷邦傅說終受殷爵呂望遂啟齊封余欲吐誠而畢慮予能罄志而見從乎　江淹齊太祖高皇帝誄萋雉嬀華文祖受終大宋有訓高撝萬邦　麗色賦經秦歷趙既無

其雙壽楚訪蔡不覯其容亦可駐髮還質驂星馭龍躅憂
忘匆何其家邦　後魏高允徵士頌高滄朗達默識淵通
領新悟異發自心智質侔和璧文炳雕龍燿姿天邑衣錦
舊邦　韓顯宗贈李彪詩見上　陽固演賾賦孔栖栖而
不息兮終見黜於庶邦甚馳驅而不已兮亦舉世而不容
北齊大禘圜丘及北郊歌辭上下眷旁午從爵以質獻
以恭咸斯暢樂惟雍孝敬蘭臨萬邦　釋名邦封也有功
於是故封之也　說文邦从邑丰聲　柴紹炳曰邦字易
林頤之漸姬奭姜望爲武守邦藩屏燕齊周室以彊子孫
億昌始入陽韻按易林用邦字如蒙之比離之大畜咸之
節家人之渙升之漸渙之豫皆入陽韻不獨此卦而它字
東陽合用者甚多又不獨邦字不可以爲據也　又按吳
越春秋越軍人作河梁歌渡河梁兮渡河梁舉兵所伐攻
秦王孟冬十月多雪霜隆寒道路誠難當陳兵未濟秦師
降諸侯怖懼皆恐惶聲傳海內威遠邦稱霸穆桓齊楚莊
天下安寧壽考長悲去歸兮河無梁降邦二字竝入陽韻

此書爲趙曄作曄後漢人也且春秋之末秦未稱王卽此可知其妄　唐韻二冬三鍾同用四江獨用而玄宗紀泰山銘則曰赫赫高祖明明太宗爰革隋政奄有萬邦罄天張宇盡地開封武稱有截文表時邕張說奉和聖製過晉陽宮詩則曰太原俗尚武高皇初奮庸星軒三晉躔土樂二堯封北風遂舉鵷函河亦上龍至德起王業繼明賴人雍六合啟昌期再興廣聖蹤傳呼大駕來文物如雲從連營火百里縱觀人千重翠華渡汾水白日臨崒峰枌榆恩賞洽桑梓舊情恭往運感不追清時惱難逢詩發尊祖心頌刊盛德容願君及春事迴輿綏萬邦竝以邦字入鍾韻又如入聲二沃三燭同用四覺獨用而玄宗紀泰山銘則曰方士虛誕儒書齷齪佚后求僊誕神檢玉秦災風雨漢汙編錄德未合天或承之辱道在觀政名非從欲銘心絕巖播告羣嶽以齪字嶽字入燭韻始知唐人同用獨用之例不過行之於場屋而著作之文自不拘也不然告成之銘應制之詩當日文章孰大於此而玄宗能文之主燕公

巨筆之士豈有悖本朝之令而用遠古之韻者哉　今蒲城縣有鄎國長公主神道碑銘張說作玄宗御書有曰皇皇睿宗一變萬邦挺生淑媛慈和孝恭清矑如神娥眉無雙邸第立官湯沐建封亦以邦雙二字入鍾韻　鄧國夫人墓誌銘見上　李華東里子產贊荊王晉侯虐我小邦南則荊侵北則晉攻　元載杜鴻漸神道碑銘堂堂衞公令和用中爲保自易當難不逢百陽誠拙柱下非工餔糟末位致命危邦自西徂東足跡頭蓬餬饘衣食賦政理戎經營指揮雲合風從定計翊帝革纂鋤凶逆殊獨潔進不爭功　白居易賀雨詩皇帝嗣寶曆元和三年冬自冬及春暮不雨旱爞爞上心念下民懼歲成災凶遂下罪己詔殷勤告萬邦詩凡三十二韻自邦字外皆東冬鍾部中字　凶宅詩因小以明大借家可諭邦周秦宅崤函其宅非不同一興八百年一死望夷宮寄語家與國人凶非宅凶詩凡二十二韻自邦字外皆東冬鍾部中字　柳宗元故大理評事柳君墓誌銘柩于海壖壙于鄧邦厥弟孔哀惟

行之恭　李翺別灊山神文見上

栙 下江切

古音戶工反　說文栙从木夅聲讀若鴻

缸

古音同上　說文缸瓨也从缶工聲

降

古音同上　詩草蟲首章喓喓草蟲趯趯阜螽未見君子憂心忡忡亦既見止亦既覯止我心則降　出車五章喓喓草蟲趯趯阜螽未見君子憂心忡忡既見君子我心則降赫赫南仲薄伐西戎　旱麓二章瑟彼玉瓚黃流在中

豈弟君子福祿攸降 鳧鷖四章鳧鷖在潨公尸來燕來宗既燕于宗福祿攸降公尸燕飲福祿來崇 禮記月令命有司曰天氣上騰地氣下降天地不通閉塞而成冬 楚辭離騷帝高陽之苗裔兮朕皇考曰伯庸攝提貞于孟陬兮維庚寅吾以降 九歌雲中君靈皇皇兮既降猋遠舉兮雲中覽冀州兮有餘橫四海兮焉窮思夫君兮太息極勞心兮忡忡 天問皆歸射鞫而無害厥躬何后益作革而禹播降 宋玉風賦故其清涼雄風則飄舉升降乘淩高城入于深宮 淮南子原道訓雷聲雨降並應無窮文子同 易林比之需黍稷醇醲敬奉山宗神嗜飲食甘雨嘉降 履之謙雨潦集降河渠不通齊魯閉塞破費市空 蠱之夬秋季孟冬寒露霜降 噬嗑之需日月相望炎輝盛昌三聖成功仁德大降降與功爲韻 劉向九歎赴江湘之湍流兮順波湊而下降徐徘徊於山阿兮飄風來之洶洶 太玄經陽推五福以類升陰幽六極以類降升降相關大貞乃通經則有南有北緯則有西有東巡

乘六甲與斗相逢歷以記歲而百穀時雍　逃次四喬木
維樅飛鳥過之或降　測喬木之鳥欲止則降也見舊及
獮湠居逃凶也多田不婁費力忿功也　揚雄宗正箴昔
在夏時太康不恭有仍二女五子家降　河東賦雲霏霏
而來迎兮澤滲灕而下降鬱蕭條其幽藹兮滃汎沛以豐
隆叱風伯於南北兮呵雨師於西東參天地而獨立兮廓
盪盪其亾雙　傅毅七激於是賓友所歡近覽從容詹公
沈餌蒲且飛紅綸不虛出矢不徒降投鉤必獲控弦加雙
　竇將軍北征頌奉聖皇之明策奮無前之嚴鋒採伊吾
之城壁蹈天山而遙降　馬融長笛賦或乃聊慮固護專
美擅工漂夌絲簧覆冒鼓鍾或乃植持縼纆佁儗寬容簫
管備舉金石竝隆無相奪倫以宣八風律呂既和哀聲五
降風字誤用　晉摯虞太康頌見上　後漢書伏侯宋蔡
傳贊見上　左傳哀二十六年六卿三族降聽政註降和
同也和同卽切降字乃疾言徐言之別耳　水經注鄭玄
注尚書北過降水云降下江反聲轉爲共今河內北共山

淇水共水出馬東至魏郡黎陽入河近所謂降水也降讀當如郕降于齊師之降蓋周時國於此者惡言降故改之共耳　漢書王莽傳更名匈奴單于曰降奴服于是取匈降音近　陳第曰降古音洪後人有用入陽韻者漢東方朔七諫忠臣貞而欲諫兮讒諛毁而在旁秋艸榮其將實兮微霜下而夜降音之變有自來矣　按降字入陽韻不始於東方朔楚辭九歌東君青雲衣兮白霓裳舉長矢兮射天狼操余弧兮反淪降援北斗兮酌桂漿撰余轡兮高馳翔杳冥冥兮以東行已先之矣然古人長篇中固有一二句不韻者即以爲韻可謂之叶而不可謂之正音即以楚辭爲據亦不得舍離騷雲中君天問風賦之四而從東君之一也　說文隆从生降聲

去聲則胡貢古閧二反　晉郭璞山海經巫咸贊羣有十巫巫咸所統經技是搜術業是綜採藥靈山隨時升降

北齊享廟樂辭彝斝應時龍蒲代用藉茅無咎福祿攸降

廣韻去聲古巷切巷古音閧古巷反當音貢按降字與

虹霓之虹同音詩實虹小子鄭康成讀戶江反戶工音洪漢書孔光傳左遷虹長亦作𧈧地理志𧈧莽曰貢師古曰𧈧亦音貢即今鳳陽府虹縣今人不識降之音洪反讀虹爲居浪反矣廣韻於一送部虹字下註云縣名今音絳唐元稹送客游嶺南詩山頭虹似巾註虹音近絳 晉習鑿齒燈詩煌煌閒夜燈修修樹閒亮燈隨風煒爗風與燈升降始以降字用入漾韻 按古人降下之降與降服之降竝讀爲平聲故自漢以上之文無讀爲去聲者左傳襄二十七年鄭子展賦艸蟲而趙文子以爲在上不忘降爾雅降婁降音戶江反而孫炎云降下也奎爲溝瀆故稱降也是平聲之降即降下之降也

洚

古音同上 孟子滕文公篇洚水者洪水也 今此字四收於一東二冬四江四絳部中

韸　匹江切

廣韻此字有二在一東部者从夆薄紅切在四江部者从夆匹江薄江二切竝訓爲鼓聲而無所據詩靈臺四章於論鼓鐘於樂辟廱鼉鼓逢逢矇瞍奏公止作逢字

瀧　呂江切

古音籠　說文瀧从水龍聲　今此字三收於一東四江部中

雙　所江切

古音所工反　詩南山二章葛屨五兩冠緌雙止魯道有蕩齊子庸止既曰庸止曷又從止　史記龜策傳禍與福同刑與德雙聖人察之以知吉凶　春秋繁露隱居深宮若心之藏於胷至貴無與遍若心之神無與雙也　列女

傳魯寡陶嬰歌悲夫黄鵠之早寡兮七年不雙宛頸獨宿兮不與衆同　說苑談叢篇兩高不可重兩大不可容兩勢不可同兩貴不可雙夫重容同雙必爭其功　急就篇椽飾刻畫無等雙　漢揚雄河東賦見上　班固西都賦爾乃期門佽飛列刃鑽鍭要趹追蹤鳥驚觸絲獸駭值鋒機不虛掎弦不再控矢不單殺中必疊雙　傅毅七激見上　張衡西京賦登豫章簡矰紅蒲且發弋高鴻挂白鵠聯飛龍磻不特絓往必加雙　定情賦夫何妖女之淑麗光華豔而秀容斷當時而呈美冠朋匹而無雙　王逸九思配稷契兮恢唐功嗟英俊兮未爲雙　孔臧諫格虎賦猛虎顛遽奔走西東怖駭内懷迷冒怔忪耳目喪精值網而衝局然自縛或隻或雙　朱公叔鬱金賦衆華爛以俱發鬱金邈其無雙比光榮於秋菊齊英茂乎春松　揚修神女賦詳觀玄妙與世無雙華面玉粲韡若芙蓉膚凝理而瓊絜體纖弱而柔鴻回肩襟而動合何俯仰之妍工　黄作仁龍馬頌奪腰褭之體勢逸飛兔之高蹤兼驥騄之

美質豈驊騮之足雙　圉令趙君碑銘見上　後漢書丁
鴻傳殿中無雙丁孝公　荀爽傳荀氏八龍慈明無雙
儒林傳五經無雙許叔重　文苑傳天下無雙江夏黃童
方術傳任文公智無雙　南蠻傳秦犯夷輸黃龍一雙
夷犯秦輸清酒一鍾　華陽國志同　袁山松後漢書公
沙六龍天下無雙　魏卞蘭贊述太子賦明明太子既叡
且聰博聞強記聖思無雙倚之左右如虎如龍八俊在側
豸無訟凶　嵇康游仙詩遙望山上松隆谷鬱青葱自遇
一何高獨立迥無雙願想游其下蹊路絕不通王喬棄我
去乘雲駕六龍飄颻戲玄圃黃老路相逢　郭遐叔贈嵇
康詩三仁不齊迹貴在等賢蹤衆鳥羣相追鷙鳥獨無雙
曹毗對儒俗我紛以交爭利害渾而彌重何異執朽繼
以御逸駟承勁風以握秋蓬役恬性以充勞府對羣物以
耦怨雙者乎　吳録王世容政無雙省繇役盗賊空　會
稽典録徐聖通政無雙平刑罰姦宄空　晉書石苞傳石
仲容姣無雙　卞壼傳卞氏八龍玄仁無雙　張載扇賦

見去聲絳字下　宋書符瑞志孔子讖兩金相刻發神鋒
空穴無主奇入中女子獨立又爲雙　鮑照野鵝賦於是
流歲遂遠慘節方祟雲纏海岱風嘶峭潼飛雪馳霰飄沙
舞蓬視清池之初涸望綠林之始空立菰蒲之寒渚託隻
影而爲雙　贈馬子喬詩湘濱有靈鳥其字曰鳴鴻一挹
增繳痛長別遠無雙　阿子歌阿子復阿子念汝好顏容
風流世希有窈窕無人雙　謝惠連七月七日夜詠牛女
詩弄杼不成藻聳轡驚前蹤昔離秋已兩今聚夕無雙傾
河易迴斡款情難久悰沃若靈駕旋寂寥雲幄空　梁江
淹麗色賦見上　包明月前溪歌見上　魏書李安世傳
李波小妹字雍容褰裙逐馬如卷蓬左射右射必疊雙婦
女尚如此男子那可逢　隋書于仲文傳明斷無雙有于
公　唐張說鄎國長公主神道碑銘見上　贈郎將葛君
墓誌銘都尉武達夫人禮封令德高行譽偶名雙　崔訥
妻劉氏墓誌銘見上　李白魏郡別蘇明府詩洛陽蘇季
子劍戟森詞鋒六印雖未佩軒車若飛龍黃金數百鎰白

璧有幾雙　司馬貞史記索隱李廣贊𨒪郡屢守大軍再從失道見斥數奇不封惜哉名將天下無雙　柴紹妹曰雙字自樂府吳紫玉歌羽族之長名爲鳳皇一日失雄三年感傷雖有衆鳥不爲匹雙始入陽韻然求之古人亦甚罕惟陳徐陵鴛鴦賦孤鸞照鏡不成雙與鴦爲韻　漢書貨殖傳醯醬千瓨師古曰瓨音胡雙反

愯

古音所拱反　亦作愯說文愯从心雙省聲春秋傳曰駟氏愯今作聳　今此字兩收於四江二腫部中

龐

薄江切

古音薄工反或音龍　詩車攻首章我車旣攻我馬旣同四牡龐龐駕言徂東龐音鹿同反　淮南子氾論訓古者人醕工龐商樸女重　風俗通廬里諸龐鑿井得銅買奴得翁　漢書地理志都龐應劭曰龐音龍　司馬相如傳

湛恩龎洪師古曰龎音龍穆天子傳西王母蓬髮戴勝註蓬音龎　說文龎从广龍聲　玉篇龎步公步江力容三切　按龎字自吳越春秋塗山歌綏綏白狐九尾龎龎我家嘉夷來賓爲王始入陽韻　張弨曰俗譌从厂涸厖

逢

古音薄工反　廣韻此字有二在三鍾部者从夆符容切迎也在四江部者从夆薄江切姓也按孟子逢蒙學射於羿逢薄江反薄工當音蓬而字上从夆莊子作蓬蒙音符恭反字从夆从艸孟子作相逢之逢而讀爲蓬蒿之蓬莊子作蓬蒿之蓬而讀爲相逢之逢其字皆不从夆也顏之推匡謬正俗曰逢姓之逢與逢遇之逢要爲別字其論未允　宋洪适隸釋漢逢童子碑曰司馬相如云烏獲逢蒙之技王襃云逢門子彎烏號藝文志亦作逢門卽逢蒙也古今人表有逢於何數人陽朔中有太僕逢信左傳有逢伯陵逢丑父東漢有逢萌緇古命氏逢絲爲趙王傅莊子

羿逄蒙不能睥睨淮南子重以逢蒙門子之巧皆作逢迎之逢龜策傳羿名善射不如雄渠蠭門注引七略有蠭門射法則劉褚又借蠭爲逢也至孟子則云逄蒙學射於羿揚子羿逄蒙分其弓後之言姓者始皆作逄石刻有漢故博士趙傳逄府君神道逄童子碑其篆文皆从夅魏元丕碑有逢牧孔宙碑陰有逢祈此有逢信亦不書作逄予謂漢儒尚借蠭爲逢則恐諸逢當讀爲鼉鼓逢逢之逢爾按此則洪氏所見孟子本亦从夅　按逄字自史記龜策傳桀有諫臣名曰趙梁教爲無道勸以貪狼繫湯夏臺殺關龍逢始入陽韻　張弨曰說文逄字元無正文止作逢玉篇亦無逄字

腔　苦江切

古音空　說文腔从肉从空聲

鞚　古音苦貢反　玉篇鞚口弄四江二切

崆　古音空　今此字兩收於一東四江部中

控　古音苦貢反　說文控从手空聲　今此字兩收於四江一送部中

椌　古音空　說文椌从木空聲　今此字兩收於一東四江部中

椌

古音同上　今此字三收於一東四江一送部中

又腔字玉篇苦紅口江二切廣韻一東部失收

幢　宅江切

古音宅工反　韓非子大體篇萬民不夭命於寇戎雄駿

不創壽於旗幢　急就篇見上　漢張衡東京賦設業設

虡宮懸金鏞鼖鼓路鼗樹羽幢幢於是備物物有其容伯

夷起而相儀后夔坐而爲工　魏陳思王磐石篇方舟尋

高價珍寶麗以通一舉必千里乘颸舉帆幢經危履險阻

未知命所鍾常恐沈黃壚下與黿鼈同南極蒼梧野游眄

窮九江中夜指參辰欲師當定從仰天長太息思想懷故

邦乘桴何所志吁嗟我孔公　釋名幢容也施之車蓋童

童然以隱蔽形容也又曰幢童也其貌童童也　說文幢

从巾童聲　周禮巾車註或曰幢容幢本亦作潼詩註作

童音同　唐元稹松樹詩華山高幢幢上有高高松通篇用東冬韻

撞

古音同上　戰國策蘇秦說秦惠王寬則兩軍相攻迫則杖戟相撞然後可建大功　說文撞从手童聲　釋名舂撞也　隋書律曆志引山謙之丹陽記曰宋武平中原使將軍陳傾致三鐘今之太極殿前二鐘端門外一鐘是也其西鐘銘曰清廟撞鐘古人性質故作僮僕字　張弨曰宋米芾第一山詩莫論衡霍撞星斗可見其尚用古音也

橦

古音同上　漢張衡西京賦烏獲扛鼎都盧尋橦衝狹燕濯胷突銛鋒跳丸劒之揮霍走索上而相逢　馬融廣成頌乘輿乃以吉月之陽朔登于疏鏤之金路六驌驦之玄龍建雄虹之旌夏揭鳴鳶之脩橦　說文橦从木童聲

今此字三收於一東三鍾四江部中

憃

丑江切

古音丑工反○周禮司刺三赦曰憃愚憃劉音癡用反禮記哀公問寡人憃愚冥煩憃如容反徐音昌容反表記其民之敝憃而愚憃傷容反徐音昌容反○說文憃从心舂聲　今此字三收於三鍾四江三用部中

椿

都江切

古音舂○說文椿从木舂聲

㟅

五江切

古音五東反　今此字兩收於一東四江部中

淙　士江切

古音琮　宋謝靈運於南山往北山經湖中瞻眺詩朝旦發陽崖景落憩陰峰舍舟眺迴渚停策倚茂松側逕旣窈窕環洲亦玲瓏俛視喬木杪仰聆大壑淙　說文淙从水宗聲　今此字三收於二冬四江四絳部中

⿱從瓦

鬃

古音竝同上　今此二字兩收於二冬四江部中

按江韻與東冬鍾同用南北朝猶然唐以下始雜入陽韻宋吳棫因之有通陽之說元周德清中原音韻乃以江陽合韻洪武正韻遂併江入陽　毛先舒曰江本从工是東之屬卽降幢龐淙諸字其偏旁無不從東冬韻中字者柴紹炳曰考古易詩書及楚辭漢魏詩歌凡江韻中字如

闌入陽韻者其用陽韻成篇者如漢相如琴歌宋子侯
嬌嬈張衡同聲歌魏文帝燕歌行陳思王五遊鬬雞諸
晉傅玄秋胡行棗據雜詩並屬長調未嘗雜入江韻即
一二如紫玉河梁之類要不得以間出爲通例也
又按漢人用韻已雜東冬陽唐往往並見如淮南子兵略
訓兵失道而弱得道而強將失道而拙得道而工國得道
而存失道而亡則工字亦入陽韻老子不自見故明不自
是故彰不自伐故有功不自矜故長跂者不立跨者不行
自見者不明自是者不彰自伐者無功自矜者不長韓非
子主道篇是故去智而有明去賢而有功去勇而有強羣
臣守職百官有常陸賈新語以圜制規以矩立方聖人王
世賢者建功湯舉伊尹周任呂望行合天地德配陰陽承
天誅惡剋暴除殃楚辭惜誓比干忠諫而剖心兮箕子被
髮而佯狂水背流而源竭兮木去根而不長非重軀以慮
難兮惜傷身之無功漢東方朔七諫信直退而毀敗兮虛
僞進而得當追悔過之無及兮豈盡忠而有功史記龜策

傳暴得者必暴亾彊取者必後無功入於周地得太公望
與兵聚卒與之相攻則功攻二字亦入陽韻然不可以爲
據

唐韻正上平聲卷之一終

唐韻正上平聲卷之二

音學五書　十八

五支

此韻當分爲二

支

章移切　當作章怡

詩芄蘭首章芄蘭之支童子佩觿雖則佩觿能不我知

國語衛彪傒見單穆公曰周詩有之曰天之所支不可壞也其所壞亦不可支也　自支枝以下皆讀如今音所以具引經文及楚辭以明其與移蛇以下等字絕不相通然後可分之各自爲部耳子史諸書間引一二不若它韻之備列也上去二聲倣此

枝

詩隰有萇楚首章隰有萇楚猗儺其枝夭之沃沃樂子之無知　小弁五章鹿斯之奔維足伎伎雉之朝雊尚求其雌譬彼壞木疾用無枝心之憂矣寧莫之知　說苑善說篇越人歌山有木兮木有枝心說君兮君不知

廣韻所收紋汥以下字於古書無證者卽可以類求之不備列

巵

史記貨殖傳地饒巵薑徐廣曰巵烟支也

於爲切　當作於危

萎

詩小雅谷風三章習習谷風維山崔嵬無草不死無木不萎　禮記檀弓孔子歌泰山其頹乎梁木其壞乎哲人其萎乎

鑴　許規切　當作許危　又十二齊韻戶圭切

詩芄蘭見上

祇　巨支切

詩何人斯見下　說文祇从示氏聲

伎

詩小弁見上

疧

詩白華八章有扁斯石履之卑兮之子之遠俾我疧兮

提　是支切　又十二齊韻弟泥切

詩葛屨二章好人提提宛然左辟佩其象揥維是褊心是以爲刺　小弁首章弁彼鸒斯歸飛提提

兒　汝移切　當作汝怡

孫子地形篇視卒如嬰兒故可與之赴深谿　莊子人間世篇彼且爲嬰兒亦與之爲嬰兒彼且爲無町畦亦與之爲無町畦彼且爲無崖亦與之爲無崖達之入於無疵

唲

楚辭卜居將呢訾慄斯喔咿嚅唲

疵　疾移切　當作疾資

莊子見上　韓非子主道篇道在不可見用在不可知虛靜無事以闇見疵　淮南子地形訓令疵註在遼西管子作令支

訾

即移切　當作即慈

楚辭九辯見下

卑

府移切　當作府治

詩白華見上　亦作崥晉語搖木不生危松柏不生崥

紕

符支切

詩干旄首章素絲紕之良馬四之彼姝者子何以畀之

斯　息移切　當作息支

詩墓門首章墓門有棘斧以斯之夫也不良國人知之小弁見上　何人斯七章伯氏吹壎仲氏吹篪及爾如貫諒不我知出此三物以詛爾斯

虒　左傳昭八年晉侯方築虒祁之宮虒音斯

雌　此移切　當作此支

詩小弁見上

知　陟離切　當作陟釐

詩芄蘭墓門隰有萇楚小弁並見上　何人斯六章爾還而入我心易也還而不入否難知也壹者之來俾我祇也七章見上　楚辭九歌少司命入不言兮出不辭乘回風兮載雲旗悲莫悲兮生別離樂莫樂兮新相知　九辯甯戚謳於車下兮桓公聞而知之無伯樂之善相兮今誰使乎訾之

篪　直離切　當作直支

詩何人斯見上

危　魚爲切　當作魚葵

書舜典人心惟危道心惟微　國語見上

衰　楚危所危二切

楚危反　禮記檀弓成人曰蠶則績而蟹有匡范則冠而蟬有緌兄則死而子皐爲之衰

所危反　論語楚狂接輿歌而過孔子曰鳳兮鳳兮何德之衰往者不可諫來者猶可追　楚辭九章涉江余幼好此奇服兮年既老而不衰帶長鋏之陸離兮冠切雲之崔嵬　九辯悲哉秋之爲氣也蕭瑟兮艸木揺落而變衰憭慄兮若在遠行登山臨水兮送將歸　謂騏驥兮安歸謂鳳皇兮安棲變古易俗兮世衰今之相者兮舉肥　呂氏春秋順說篇不設形象與生與長而言之與響與盛與衰以之所歸　史記伯夷傳登彼西山兮采其薇矣以暴易暴兮不知其非矣神農虞夏忽焉沒兮吾安適歸矣于嗟徂兮命之衰矣　楚王子思歸歌洞庭兮木秋涔陽兮艸衰去千乘之家國作咸陽之布衣

以上字當與六脂七之通爲一韻　凡从支从氏从是从兒从此从卑从虒从爾从知从危之屬皆入此

㩼

章移切

古音多　漢張衡西京賦炙炰夥清酤㩼皇恩溥洪澤施徒御悅士忘罷巾車命駕迴旆右移儃佯乎五柞之館旋憩乎昆明之池

眵

古音同上　說文眵从目多聲

移

弋支切

古音弋多反　楚辭漁父夫聖人者不凝滯於物而能與世推移舉世皆濁何不淈其泥而揚其波衆人皆醉何不餔其糟而歠其釃何故深思高舉自令放爲　宋玉風賦見下　管子侈靡篇忽然易卿而移忽然易事而化化毀

禾反　利靜而不化觀其所出從而移之　心術篇與時變而不化應物而不移日用之而不化　任法篇奇革而邪化令往而民移　內業篇是故聖人與時變而不化從物而不移　其形安而不移能守一而弃萬苛　莊子秋水篇物之生也若驟若馳無動而不變無時而不移何爲乎何不爲乎夫固將自化　達生篇形精不虧是謂能移　列子黃帝篇吾與之虛而猗移不知其誰何　呂氏春秋下賢篇桀乎其必不渝移也循乎其與陰陽化也　六韜文啟篇政之所施莫知其化時之所在莫知其移聖人守此而萬物化　三略天地神明與物推移變動無常因敵轉化不爲事先動而輒隨　靈樞經根結篇天地相感寒暖相移陰陽之道孰少孰多陰道偶陽道奇　淮南子原道訓轉化推移得一之道而以少正多　氾論訓是以政教易化風俗易移也　兵略訓若動而應有見所爲彼持後節與之推移彼有所積必有所虧精若轉左陷其右彼敵潰而走後必可移　因形而與之化隨時而與之移

修務訓倏忽變化與物推移雲蒸風行在所設施　秦族訓日之行也不見其移騏驥倍日而馳州木爲之靡靡音摩　漢司馬相如子虛賦其西則有湧泉清池激水推移外發芙蓉菱華內隱鉅石白沙華字誤用　東方朔七諫世沈淖而難論兮俗岭峨而嵾嵯清泠泠而殲滅兮溷湛湛而日多梟鴞既以成羣兮玄鶴弭翼而屏移蓬艾親入御於牀第兮馬蘭踸踔而日加棄捐葯芷與杜蘅兮余柰世之不知芳何何周道之平易兮然蕪穢而險戲高陽無故而委塵兮唐虞點灼而毀議誰使正其眞是兮雖有八師而不可爲　史記日者傳天不足西北星辰西北移地不滿東南以海爲池日中必移月滿必虧　太史公自序與時推移應物變化立俗施事無所不宜指約而易操事少而功多　說苑談叢篇至神無不化也至賢無不移也　列女傳鄧曼曰王德薄而祿厚施鮮而得多物盛必衰日中必移　越絕書敘外傳記瞽瞍不移商均不化張衡思玄賦天地烟熅百卉含藴鳴鶴交頸雎鳩相和處

子懷春精魂回移如何淑明忘我寔多 西京賦見上

說文移从禾多聲徐鉉曰多與移聲不相近蓋不知古音也

迻

古音同上 說文迻从辵多聲

扅

古音同上 古樂府百里奚妻歌百里奚五羊皮憶別時烹伏雌炊扊扅今日富貴忘我爲皮扅爲三字爲韻其同用奚時雌三字則非也蓋此韻自漢已誤詳見本條 亦作移蔡邕月令章句曰鍵關也所以止扉或謂之剡移

袲

古音同上　說文袲从衣多聲　今此字三收於五支四紙三十三哿部中

移

古音同上　說文移从木多聲

迤

古音同上　亦作迆魏文帝臨渦賦蔭高樹兮臨曲渦微風起兮水增波魚頡頏兮鳥逶迤雌雄鳴兮聲相和　唐孟浩然宴張記室宅詩妓堂花映發書閣柳逶迤入歌字韻杜牧汴口詩檣形櫛櫛斜浪態迤迤好自註迤徒何切按今廣韻七歌部中有迱字註曰逶迱行貌卽迤字也故唐人於歌韻用之

匜

古音同上　儀禮既夕禮兩敦兩杅槃匜劉音徒何反

詑

弋支香支二切

古音徒河反　孟子訑訑之聲音顔色一作詑　山海經南山經猼訑一作陁　說文詑从言它聲　今此字五收於五支七歌八戈三十三哿部中

蛇

古音同上　詩羔羊首章羔羊之皮素絲五紽退食自公委蛇委蛇　斯干六章吉夢維何維熊維羆維虺維蛇　楚辭離騷屯余車其千乘兮齊玉軑而竝馳駕八龍之婉婉兮載雲旗之委蛇　遠游屯余車之萬乘兮紛容與而竝馳駕八龍之婉婉兮載雲旗之逶蛇　祝融戒而蹕御兮騰告鸞鳥迎虙妃張咸池奏承雲兮二女御九招歌使

湘靈鼓瑟兮令海若舞馮夷玄螭蟲象竝出進兮形蟉虬而逶蛇妃與夷爲韻歌與蛇爲韻　招魂仰觀刻桷畫龍蛇些坐堂伏檻臨曲池些芙蓉始發雜芰荷些紫莖屏風文緣波些文異豹飾侍陂陁些軒輬既低步騎羅些蘭薄戶樹瓊木籬些魂兮歸來何遠爲些　管子樞言篇一龍一蛇一日五化　莊子應帝王篇吾與之虛而委蛇不知其誰何　山木篇無譽無訾一龍一蛇與時俱化而無肯專爲　庚桑楚篇見下　徐無鬼篇吾與之一委蛇而不與之爲事所宜　太公兵法涓涓不塞將爲江河熒熒不救炎炎奈何兩葉不去將用斧柯爲虺弗摧行將爲蛇　淮南子俶眞訓至道無爲一龍一蛇盈縮卷舒與時變化　漢書禮樂志見下　漢東方朔誡子詩聖人之道一龍一蛇形見神藏與物變化　王褒九懷乘虹驂蜺兮載雲變化鷦鵬開路兮後屬青蛇步驟桂林兮超驤卷阿丘陵翔儛兮谿谷悲歌　劉向九歎見下　揚雄蜀都賦其水蟲則有蠳龜鳴蛇潛龍伏螭其鳥則有鴛鴦鵠鶩鴻鶤鴐

鸞嚶嚶和鳴瀺瀺隨波　反離騷既亾鸞車之幽藹兮馬駕八龍之委蛇臨江濱而掩涕兮何有九招與九歌　易坤靈圖瑞應之至君子發蛇蛇不如龍陸不如河　馮衍顯志賦鳳與雲蒸一龍一蛇與道翱翔與時變化　張衡西京賦感河馮懷湘娥驚蝄蜽憚蛟蛇　魏卞蘭許昌宮賦入南端以北眺望景福之嵯峩飛棟列以山峙長途邈以委蛇　晉陸機答賈謐詩東朝既建淑問峩峩我求明德濟同以和魯公戾止袞服委蛇　郭璞山海經流沙贊天限內外分以流沙經帶西極頹溏委蛇注于黑水永溺餘波　按古蛇字皆徒何反唯楚辭九歌東君駕龍輈兮乘雷載雲旗兮委蛇長太息兮將上心低佪兮顧懷羌聲色兮娛人觀者憺兮忘歸用入微皆灰韻　說文蛇作它虫也从虫而長象宛曲垂尾形上古艸居患它故相問無它乎託何切也或从虫臣鉉等曰今俗作食遮切　今人以委蛇之蛇音弋支反入五支虵蛇之蛇音食遮反入九麻不知何據詳其字義亦非有二詩委蛇委蛇正謂人之

委曲而行如蛇耳左傳襄七年叔孫穆子曰衡而委蛇必折戰國策蘇秦嫂蛇行皆取象於蛇且委蛇二字卽是蛇名莊子以鳥養養鳥者宜棲之深林浮之江湖食之以委蛇司馬彪云委蛇泥鰌又皇子告敖對桓公曰澤有委蛇其大如轂其長如轅易林長尾委蛇畫地成河張衡東京賦斬委蛇腦方良南都賦巨蜂首珠駮蝦委蛇廣韻蛇字下註云蜲蛇蓋古人謂蛇爲委蛇也其無二音可知　傅毅舞賦蜲蛇姌嫋張衡西京賦聲清暢而蜲蛇竝以蜲蛇爲委蛇　按委蛇字亦作佗又作它後漢書任李萬邳傳贊委佗環旅儒林傳方領習矩步者委它乎其中章懷太子不知蛇之音陀而反讀佗爲移誤　又按委蛇字韓詩作禕隋漢衛尉衡方碑禕隋在公蛇與隋皆音陀故得通用酸棗令劉熊碑卷舒委隨成陽令唐扶頌在朝委隨竝同今此字三收於五支七歌九麻部中

爲　遠支切

古音譌　詩相鼠首章相鼠有皮人而無儀人而無儀不死何爲　兔爰首章有兔爰爰雉離于羅我生之初尚無爲我生之後逢此百罹尚寐無吪　緇衣首章緇衣之宜兮敝予又改爲兮　澤陂見下　北山六章或出入風議或靡事不爲　鳧鷖二章鳧鷖在沙公尸來燕來宜爾酒既多爾殽既嘉公尸燕飲福祿來爲　抑五章白圭之玷尚可磨也斯言之玷不可爲也　易革彖傳鞏用黃牛不可以有爲也已日革之行有嘉也　楚辭九歌大司命見下　愁人兮柰何願若今兮無虧固人命兮有當孰離合兮可爲　天問明明闇闇惟時何爲陰陽三合何本何化　九章思美人獨歷年而離愍兮羌馮心猶未化寧隱閔而壽考兮何變易之可爲　悲回風穆眇眇之無垠兮莽芒芒之無儀聲有隱而相感兮物有純而不可爲　漁父見上　招魂見上　大招見下　老子道常無爲而無不爲侯王若能守萬物將自化　我無爲而民自化　是以聖人欲不欲不貴難得之貨學不學復衆人之所過以輔

萬物之自然而不敢爲　管子乘馬篇今日不爲明日亡
貨　兵法篇無設無形焉無不可以成也無形無爲焉無
不可以化也　侈靡篇見上聲靡字下　白心篇見下
莊子天地篇古之畜天下者無欲而百姓足無爲而萬物
化淵靜而百姓定　畢見其情事而行其所爲行言自爲
而天下化　秋水篇然則我何爲乎何不爲乎吾辭受趣
舍吾終奈何　又見上　達生篇達生之情者不務生之
所無以爲達命之情者不務知之所無奈何　山木篇見
上　知北游篇見去聲僞字下　庚桑楚篇行不知所之
居不知所爲與物委蛇而同其波　則陽篇無爲而無不
爲時有終始世有變化禍福湻湻至有所拂者而有所空
自殉殊面有所正者有所差　雖有大知不能以言讀其
所自化又不能以意其所將爲　或之使莫之爲未免於
物而終以爲過　外物篇見下　荀子成相篇基必施辨
賢罷文武之道同伏戲由之者治不由者亂何疑爲　呂
氏春秋不苟篇賢者之事也雖貴不苟爲雖聽不自阿

鬼谷子内揵篇環轉因化莫知所爲退爲大儀　素問生氣通天論故病久則傳化上下不并良醫弗爲　淮南子俶眞訓見上　精神訓夫癲者趨不變狂者形不虧神將有所遠徙孰暇知其所爲故形有摩而神未嘗化者以不化應化　性有不欲無欲而不得心有不樂無樂而弗爲無益情者不以累德而便於性者不以滑和故縱體肆意而度制無以爲天下儀　本經訓君臣不和五穀不爲詮言訓見去聲議字下　故通性之情者不務性之所無以爲通命之情者不憂命之所無柰何　泰族訓同　兵略訓炎之若火陵之若波敵之靜不知其所守動不知其所爲故鼓鳴旗麾當者莫不廢滯崩阤　視其所爲因與之化　又見上　修務訓故其形之爲馬馬不可化其可駕御教之所爲也　泰族訓清明條達者易之義也恭儉尊讓者禮之爲也寬裕簡易者樂之化也刺幾辯義者春秋之靡也　文子守弱篇江海不爲故功名自化　道德篇執一無爲因天地與之變化　故聖人體道反至不化

以待化動而無爲　微明篇見下　下德篇漠然無爲而天下和　漢嚴忌哀時命知貪餌而近死兮不如下游乎清波寧幽隱以遠禍兮孰侵辱之可爲子胥死而成義兮屈原沈於汨羅雖體解其不變兮豈忠信之可化　東方朔七諫見上　太玄經堅測磐石固內不可化也堅白玉形變可爲也　越絕書敘外傳記危人自安君子弗爲奪人自與伯夷不多　吳越春秋漁父歌曰日已夕兮予心憂悲月已馳兮何不渡爲事寖急兮當柰何悲字不入韻　馮行顯志賦見上　王延壽王孫賦原天地之造化實神偉而崛奇道玄微以密妙信無物而不爲　韻補爲吾禾切史記引書南訛字作爲　陳第曰爲音譌說文譌譌言也从言爲聲據此見爲加言讀譌去言亦讀譌

麾　許爲切

古音許戈反　楚辭遠游擥彗星以爲旍兮舉斗柄以爲麾叛陸離其上下兮游驚霧之流波　大招舉傑壓陛誅

譏罷只直贏在位近禹麾只豪傑執政流澤施只魂乎徠歸國家爲只　吳子論將篇將之所麾莫不從移將之所指莫不前死　淮南子兵略訓見上　漢書高帝紀註師古曰戲音許宜反亦讀曰麾按許宜即許戈師古不達誤爲二音

撝

古音同上　易子夏傳撝謙化謙也

倭

於爲切

古音於禾反　今此字三收於五支八戈三十四果部中

穈

靡爲切

古音摩　說文糜从米麻聲

穈

古音同上　說文穈从黍麻聲

縻

古音同上　易中孚九二鳴鶴在陰其子和之我有好爵吾與爾靡之子夏陸績本作縻　說文縻从糸麻聲

墮

許規切

本作隓說文隓从𨸏差聲臣鉉等曰說文無差字蓋二左也按左聲與徒果正協重文作𡐦即墮字後人移土於下耳　又按三十四果部有墮字他果切註云山貌此即詩墮山喬嶽之墮

隳

卽上隓之俗字　亦讀平聲　老子見下　張弨曰玉篇無隳此俗改不知所從無以下筆但沿襲通用正文廢閣

鬌

直垂切

古音丁果反　今此字三收於五支三十四果部中

垂

是爲切

古音陀　禮記曲禮見上聲委字下　說文埵唾皆以垂得聲同　張弨曰此處垂字通溷懸𠂹漢隸孔宙碑正作𠂹

羸

力爲切

古音羸　老子故物或行或隨或呴或吹或強或羸或載或隳　說文羸从羊羸聲羸郎果切

吹 昌垂切

古音昌戈反　詩蘀兮首章蘀兮蘀兮風其吹女叔兮伯兮倡予和女　老子見上

披 敷羈切

古音坡　楚辭大司命靈衣兮披披玉佩兮陸離壹陰兮壹陽衆莫知兮余所爲　漢劉向九歎云服陰陽之正道兮御厚土之中和佩蒼龍之蚴虯兮帶隱虹之逶蛇曳彗星之皓旰兮撫朱爵與鵕鸃游清霧之颯戾兮服雲氣之披披　漢張衡南都賦見下　魏劉邵趙都賦布濩中林緣延陵阿從風發曜猗靡雲披　釋名披擺也

陂 彼爲切

古音彼禾反　詩澤陂首章彼澤之陂有蒲與荷有美一人傷如之何寤寐無爲涕泗滂沱　莊子外物篇青青之

麥生於陵陂生不布施死何含珠爲　漢書禮樂志郊祀歌朝隴首篇掩回轅鬚長馳騰雨師灑路陂　淮南子兵略訓見上　修務訓夏瀆而冬陂因高爲田因下爲池　易泰九三无平不陂陸德明釋文又彼何反　史記貨殖傳水居千石魚陂漢書作魚波灌夫傳陂池田園漢書作波池漢書景十三王傳雷陂作雷波魏相傳弛山澤陂池作波池王莽傳予乃卜陂木之北作波木楚相孫叔敖碑陂障源泉作波障以同音假借

羆

古音同上　詩斯干見上　韓奕六章獻其貔皮赤豹黃羆　淮南子主術訓推移大犧水殺黿鼉陸捕熊羆　漢淮南小山招隱士狀貌崟崟兮峨峨淒淒兮漇漇獼猴兮熊羆慕類兮以悲哦與羆爲韻漇與悲爲韻　史記周本紀見下　張衡西京賦華嶽峩峩岡巒參差神木靈草朱實離離總會仙倡戲豹舞羆　說文羆从熊罷省聲从熊

者意也从罷者聲也不可重兩能爲文故省其一也又作𩊱以皮爲聲古皮罷皆音婆

隨

旬爲切

古音旬禾反　論語周有八士伯達伯适仲突仲忽叔夜叔夏季隨季騧　楊慎曰大理董難曾見宋人小說周有八士命名八人而四韻伯達伯适一韻也仲突仲忽一韻也叔夜叔夏一韻也季隨季騧隨旬禾反騧烏戈反一韻也周人尚文於命子之名亦緻密不苟如此　詩序丰刺亂也昏姻之道缺陽倡而陰不和男行而女不隨　老子音聲相和前後相隨　又見上　管子白心篇人不倡不和天不始不隨　列子說符篇愼爾言將有和之愼爾行將有隨之　鬻子撰吏篇故王者取吏不妄必使民唱然後和民者吏之程也察吏於民然後隨　賈誼新書同　韓非子解老篇大姦作則小盜隨大姦唱則小盜和　故竽先則鐘瑟皆隨竽唱則諸樂皆和　呂氏春秋任數篇

無唱有和無先有隨古之王者其所爲少其所因多審應篇人唱我和人先我隨　鬼谷子飛箝篇爲之樞機以迎之隨之以箝和之以意宜之　外篇故動者必隨唱者必和　三略見上　素問五常政大論陽和布化陰氣廼隨　靈樞經九針十二原篇迎之隨之以意和之　終始篇知迎知隨氣可令和　脹論篇陰陽相隨乃得天和五藏更始四時循序五穀乃化　賈誼新書道術篇有疊和之有端隨之物鞠其極而以當施之　淮南子原道訓好憎繁多禍乃相隨　文子同　齊俗訓故狐梁之歌可隨也其所以歌者不可爲也　泰族訓上唱而民和上動而下隨　史記太史公自序主唱而臣和主先而臣隨　易林謙之同人宮商既和聲音相隨　說苑雜言篇夫行非爲影也而影隨之呼非爲響也而響和之故君子功先成而名隨之　漢馬融廣成頌魴鱮鱒鯿鰋鯉鱨魦樂我純德騰躍相隨　史記天官書前列直斗口三星隨北端兌索隱曰隨音他果反　宋呂大臨曰淮南子閱面於槃水

則圜於杯隨面形不變其故有所圜有所隨者所自闕之異也隨當讀橢楚辭天問南北順橢其衍幾何漢書食貨志三曰復小橢之師古曰橢圜而長也音他果反　亦作隋史記天官書廷藩西有隋星五曰少微士大夫隋音他果反詩破斧傳隋銎曰斧隋音徒禾反又湯果反禮記禮器註如今方案隋長局隋他果反　漢書淮陽憲王傳髮齒墮落作隨　按隨音旬禾反亦與隋通故隨文帝改隨爲隋非無據而爲之也　又按隨字自素問天元紀大論知迎知隨氣可與期始入之韻

虧　去爲切

古音去禾反　楚辭離騷高余冠之岌岌兮長余佩之陸離芳與澤其雜糅兮唯昭質其猶未虧　九歌大司命見上　天問斡維馬繫天極馬加八柱何當東南何虧　九章抽思望三五以爲像兮指彭咸以爲儀夫何極而不至

兮故遠聞而難虧　莊子達生篇見上　山木篇功成者墮名成者虧墮火禾反　知北游篇見去聲僞字下　逸周書武稱辟爵位不讓田宅不虧各寧其親民服如化　韓非子見上聲靡字下　淮南子原道訓能存之此其德不虧萬物紛糅與之轉化以聽天下若背風而馳　精神訓見上　兵略訓見上　史記日者傳見上　易林困之剥明德孔嘉萬歲無虧　說苑敬慎篇行者比於鳥上畏鷹鸇下畏網羅夫人爲善者少爲讒者多若身不死安知禍罪不施行年七十常恐行節之虧　漢司馬相如子虛賦岑崟參差日月蔽虧　後漢書魯恭傳一夫吁嗟王道爲虧　鮑昱傳一人吁嗟王政爲虧　郎顗傳災眚降則下吁嗟化不行則君道虧　崔琦外戚箴爰暨末葉漸已穨虧貫魚不敘九御差池　晉摯虞太康頌耀武六旬輿徒不疲飲至數實干旌無虧

窺　去隨切

古音同上　列子仲尼篇人欲見其所不見視人所不窺欲得其所不得修人所不爲

渠羈居宜二切

奇

古音渠禾居禾二反

楚辭招魂肴羞未通女樂羅些敶鍾按鼓造新歌些涉江采菱發陽阿些美人既醉朱顏酡些娭光眇視目曾波些被文服纖麗而不奇些長髮曼鬋豔陸離些　易林訟之大有尹氏伯奇父子生離無罪被辜長舌所爲　魏陳琳大荒賦越洪寧之蕩蕩兮追玄漠之造化跨三五而無偶兮邈卓立而獨奇　何晏景福殿賦爾其結構則修梁彩制下褰上奇桁梧複疊勢合形離赩如宛虹赫如奔螭南岠陽榮北極幽崖任重道遠厥庸孔多崖字誤　以上並渠禾反

居禾反者靈樞經見上

錡

古音渠禾反　詩破斧二章既破我斧又缺我錡周公東征四國是吪哀我人斯亦孔之嘉　漢司馬相如上林賦見下

犧 許羈切

古音許何反鄭康成讀爲莎　詩閟宮四章享以騂犧是饗是宜降福既多　淮南子主術訓見上　說山訓見下

周禮司尊彝其朝踐用兩獻尊註獻讀爲犧音素何反

梁書劉杳傳嘗於沈約坐語及宗廟犧樽約云鄭玄荅張逸謂爲畫鳳皇尾娑娑然今無復此器則不依古杳曰此言未必可按古者樽彝皆刻木爲鳥獸鑿頂及背以出內酒頃魏世魯郡地中得齊大夫子尾送女器有犧樽作犧牛形晉永嘉賊曹嶷於青州發齊景公冢又得此二樽

形亦爲牛象二處皆古之遺器知非虛也的大以爲然宋洪邁容齋三筆曰陸德明釋周禮獻尊之獻音素何反而於左氏傳犧象不出門釋犧爲許宜反又素何反按王肅云犧象二尊竝全牛象之形而鑿背爲尊今世所存故物宣和博古圖所載犧尊純爲牛形象尊純爲象形而尊在背正合王肅之說然則犧字只當讀如本音按此字本音許宜反卽許何反與莎音亦同一部耳

羲

古音許何反　亦作戲荀子見上

巇

古音同上　亦作戲漢東方朔七諫見上

崎　去奇切

古音去何反　漢司馬相如上林賦深林巨木嶄巖嵾嵯九嵕巀嶭南山峩峩巖陁甗錡摧崣崛崎

碕　古音同上　越絕書荊平王內傳漁者歌日昭昭侵以施與子期兮蘆之碕　淮南子本經訓積牒旋石以純脩碕抑淢怒瀨以揚激波　漢揚雄羽獵賦探巖排碕薄索蛟螭

踦　古音同上　太玄經玄瑩或合或離或贏或踦

宜　魚羈切

古音魚何反　詩君子偕老首章君子偕老副笄六珈委
委佗佗如山如河象服是宜子之不淑云如之何　緇衣
見上　女曰雞鳴二章弋言加之與子宜之　裳裳者華
四章左之左之君子宜之　鴛鴦首章鴛鴦于飛畢之羅
之君子萬年福祿宜之　棫樸二章奉璋峩峩髦士攸宜
鳧鷖見上　閟宮見上　玄鳥景員維河殷受命咸宜
百祿是何　易繫辭下傳神而化之使民宜之　儀禮士
冠禮字辭爰字孔嘉髦士攸宜　楚辭天問簡狄在臺嚳
何宜玄鳥致詒女何嘉今本嘉作喜是後人不通古音而
妄改之也按後漢禮儀志引此作嘉　莊子德充符篇夫
若然者且不知耳目之所宜而游心乎德之和　徐無鬼
篇見上　則陽篇故或不言而飲人以和與人並立而使
人化父子之宜彼其乎歸居而一間其所施　又見上
素問示從容論子別試通五藏之過六府之所不和鍼石
之敗毒藥所宜　鬼谷子見上　三略見下　淮南子齊
俗訓各用之於其所適施之於其所宜即萬物一齊而無

由相過　氾論訓故聖人法與時變禮與俗化衣服器械各便其用法度制令各因其宜故變古未可非而循禮未足多也　文子同　是故聖人以文交於世而以實從事於宜不結於一迹之塗凝滯而不化是故敗事少而成事多史記太史公自序見上　五宗旣王親屬洽和諸侯大小爲藩爰得其宜　易林臨之旣濟陰陽變化各得其宜離之姤君臣不和上下失宜宗子哀歌太玄經玄瑩革而化之與時宜之　說文宜所安也从宀之下一之上多省聲　元周伯琦六書正譌曰宜上从宀突屋也下从一地也上屋下地爲宜會意中从多聲案詩中宜字皆此音則从多爲諧聲明矣今讀爲疑羈切後人之音也傳記中多字亦有作章移切者二字本皆哥韻後世叶入支韻迷其初矣世俗篆字省作宐注云多省聲已非古而俗字又作宜从且大繆矣惟秦泰山石刻可考李斯所書也今以爲正

轙

古音同上　淮南子說山訓遺人馬而解其羈遺人車而稅其轙所愛者少而所亾者多　漢書禮樂志赤蛟靈禗禗象輿轙票然逝旗逶蛇

鸃

古音同上　漢司馬相如上林賦揜翡翠射鵔鸃微矰出孅繳施弋白鵠連駕鵝雙鶬下玄鶴加怠而後發游於清池　劉向九歎見上

儀

古音同上　詩鄘柏舟首章汎彼柏舟在彼中河髧彼兩髦實維我儀之死矢靡他　相鼠見上　東山見下　湛

露見下　菁菁者莪首章菁菁者莪在彼中阿既見君子樂且有儀　斯干九章乃生女子載寢之地載衣之裼載弄之瓦無非無儀惟酒食是議無父母貽罹地音沱　賓之初筵六章飲酒孔嘉維其令儀　既醉四章其告維何籩豆靜嘉朋友攸攝攝以威儀　抑五章愼爾出話敬爾威儀無不柔嘉　八章辟爾爲德俾臧俾嘉淑愼爾止不愆于儀　楚辭九章見上　穆天子傳黄澤謡黄之池其馬歕沙皇人威儀　管子白心篇非吾儀雖利不爲　弟子職篇相切相磋各長其儀　鬼谷子見上　淮南子精神訓見上　說苑辨物篇食則有節飲則有儀往則有文來則有嘉　宋書符瑞志同　太玄經爭陽氣氾施不偏不頗物與爭訟各遵其儀　韓勑孔廟禮器碑文上合紫臺稽之中和下合聖制事得禮儀　詩如食宜饇宜韓詩作儀云儀我也　周禮肆師治其禮儀以佐宗伯註故書儀爲義鄭司農云義讀爲儀古者書儀但爲義今時所謂義爲誼　韻補儀牛何反周禮註儀作義古皆音俄　宋

洪适隸釋曰周禮註云儀義二字古皆音俄愚按漢孔耽神祠碑遇凱風以悁憀惟蓼儀以愴悢平都相蔣君碑感蓼詩人蓼蓼者儀並以儀爲義衛尉卿衡方碑感衛人之凱風悼蓼義之劬勞司隸校尉魯峻碑悲蓼義之不報痛昊天之靡嘉並以義爲義　楊慎曰月中嫦娥其說始於淮南子及張衡靈憲其實因常儀占月而誤也古者羲和占日常儀占月皆官名見呂氏春秋後訛爲常娥以儀娥音同耳　穆天子傳左白儀郭璞註古義字　按儀字自漢中山王馬文木賦載重雪而梢勁風將等歲于二儀始與枝雖知斯爲韻

皮　符羈切

古音婆　詩羔羊相鼠韓奕並見上　左傳宣二年華元使其驂乘謂之曰牛則有皮犀兕尚多棄甲則那　役人曰從其有皮丹漆若何　說苑敬慎篇虎豹爲猛人尚食其肉席其皮譽人者少惡人者多　韻補皮蒲波切說文

波被坡頗跛破簸皆以皮得聲　史記太史公自序戹困鄱薛彭城徐廣曰鄱音皮鄱縣屬魯按漢書地理志魯國蕃縣蕃本音藩屏之藩汝南陳子游爲魯相國人以其父名蕃遂改字爲番音皮後漢書黨錮傳蕃嚮蕃音皮皮古音婆漢人讀鄱爲婆後人不知皮之音婆遂讀蕃爲呲矣胡三省以爲皮字乃傳寫反字之誤亦非　漢書古今人表皮師古曰即詩十月之交所謂蕃維司徒者也按今詩作番音波　儀禮鄉射禮君國中射則皮樹中今文皮爲繁漢書御史大夫繁延壽繁音婆　按此則鄱番蕃繁四字皆得與皮通以皮字音婆故也　韻補引晉陸雲贈鄭曼季詩所謂伊人在谷之阿虎質山嘯龍輝淵蟠蟠字亦音婆

疲

古音同上　易林蹇之泰歷險登危道遠勞疲去家自歸困游大波　漢張衡西京賦見上

罷

古音同上　易中孚六三或鼓或罷或泣或歌王肅音皮
徐邈音扶波反　楚辭大招見上　荀子見上　漢枚乘
七發見上聲灑字下　越絕書記軍氣篇青氣在左將少
卒多兵少軍罷　易林訟之萃褰衣涉河水深請罷賴幸
身子濟脫無他　張衡西京賦見上　按罷音皮皮音婆
凡經傳中罷倦之罷罷休之罷皆讀婆今人因皮而誤又
添一蒲蟹反至土音則又轉而爲蒲怕矣　儀禮鄉飲酒
禮飲酒罷劉音皮　禮記少儀師役曰罷註罷之言罷勞
也春秋傳曰師還曰疲此可見罷倦之罷罷休之罷同爲
一音矣　春秋襄三十年楚子使薳罷來聘昭六年楚薳
罷帥師伐吳公羊傳並作薳頗頗音皮　左傳襄十五年
公子罷戎爲右尹罷音皮又音皮買反　二十三年牢成
御襄罷師罷音皮一音皮買反　三十年皆自朝布路而
罷罷皮買反又扶波反　漢司馬相如上林賦罷池陂陁

卽以罷字作陂字用　晉陸雲荅兄詩傾景儵墜夕不存罷始與饑爲韻

姼

是支切

古音多　方言南楚謂婦妣曰母姼稱婦考曰父姼註姼音多　說文姼从女多聲　宋程大昌演繁露引通鑑德宗貞元六年回紇阿啜可汗謂其大相頡干迦斯曰兒幸而得立惟仰食於阿多國政不敢預也史炤釋之曰虜謂父爲阿多于愼行曰北人呼父爲阿爹爹徒可反與多同音今舊唐書作惟仰食於阿爹按梁書始興王憺都督荆州民歌之曰始興王民之爹赴人急如水火何時復來乳哺我是姼多爹同爲一字特有省文異文之別爾今爹字在九麻三十三哿部中

離

呂支切

古音羅　易離九三日昃之離不鼓缶而歌則大耋之嗟既濟上六弗遇過之飛鳥離之　詩新臺三章魚網之設鴻則離之燕婉之求得此戚施離與施爲韻　湛露四章其桐其椅其實離離顯允君子莫不令儀　楚辭離騷見上　大司命見上　招魂見上　宋玉風賦被麗披離衝孔動楗眴渙粲爛離散轉移陳第以移與離爲韻　淮南子本經訓喬枝菱阿芙蓉芰荷五采爭勝流漫陸離易林中孚之困見下　太玄經應初一六幹羅如五枝離如　闕次七闕其差前合後離　玄瑩見上　漢張衡西京賦見上　南都賦見下　魏何晏景福殿賦見上　方言羅謂之離離謂之羅　史記五帝紀旁羅日月星辰水波土石金玉索隱曰今按大戴禮作歷離離即羅也　或曰九歌少司命入不言兮出不辭乘回風兮載雲旗悲莫悲兮生別離樂莫樂兮新相知離不與知爲韻乎曰此第三句不入韻其上云秋蘭兮青青綠葉兮紫莖滿堂兮美人忽獨與余兮目成人字亦不入韻其下云荷衣兮蕙帶

儵而來兮忽而逝夕宿兮帝郊君誰須兮雲之際郊字亦不入韻也　易襍卦傳咸速也恒久也渙離也節止也久與止爲韻猶之大有衆也同人親也革去故也鼎取新也小過過也中孚信也親新信爲韻離字亦不入韻也　按老子載營魄抱一能無離專氣致柔能嬰兒滌除玄覽能無疵愛民治國能無爲天門開闔能無雌明白四達能無知知其雄守其雌爲天下谿爲天下谿常德不離復歸於嬰兒莊子馬蹄篇同乎無知其德不離在宥篇若彼知之乃是離之始以離爲二字與知爲韻

籬

古音同上　楚辭招魂見上　周禮委人註苑囿藩蘿之材土方氏註爲之藩羅並卽今藩籬字　博雅欏落地籬也

蘺

古音同上　楚辭離騷固時俗之從流兮又孰能無變化覽椒蘭其若玆兮又況揭車與江蘺

縭

古音同上　詩東山四章親結其縭九十其儀其新孔嘉其舊如之何　列女傳齊孝孟姬篇夙夜無怠爾之衿縭父母之言謂何

蠡

古音同上　漢劉向九歎握申椒與杜若兮冠浮雲之峨峨登長陵而四望兮覽芷圃之蠡蠡游蘭皋與桂林兮睨玉石之嵾嵯　揚雄長楊賦驅橐駝燒熐蠡　左傳桓六年謂其不疾瘯蠡也蠡音力果反　文子聖人師蛛蝥而

結網法蠡蚌而閉戸漢曹昭東征賦諒不登巢而椓蠡兮竝與羸同易說卦傳爲羸爲蚌今亦作螺　晉書姚泓載記姚墨蠡音祿戈反宋書作默騾　宋書桂陽王休範傳杜墨蠡南史作黑蠡魏書作墨騾　按墨蠡默騾竝音同字異魏書李琰之亦小字默蠡　今此字三收於五支八戈十一薺部中

醨

古音同上　楚辭漁父見上

罹

古音同上　詩兔爰斯干竝見上　小弁首章民莫不穀我獨于罹何辜于天我罪伊何心之憂矣云如之何　書湯誥爾萬方百姓罹其凶害本亦作羅　漢書于定國傳羅文法者註羅罹也

羈 居宜切

古音居何反　淮南子說山訓決鼻而羈生子而犧尸祝齋戒以沈諸河　又見上

畸

古音同上　荀子天論篇有齊而無畸則政令不施有少而無多則羣衆不化

施 式支切

古音式何反　詩新臺見上　丘中有麻首章丘中有麻彼留子嗟彼留子嗟將其來施施　楚辭天問永遏在羽山夫何三年不施伯禹腹鯀夫何以變化　授殷天下其位安施反成乃亡其罪伊何　大招見上　大戴禮曾子天圓篇吐氣者施而含氣者化是以陽施而陰化也　淮南子同　莊子秋水篇何少何多是謂謝施無一而行與

道參差 則陽篇見上 外物篇見上 吳子料敵篇諸
侯未會君臣未和溝壘未成禁令未施 墨子備梯篇敵
問客衆而勇煙資吾池軍卒並進雲梯旣施攻備巳具武
士又多 荀子非十二子篇樂分施者也遠罪過者也
天論篇陰陽大化風雨博施 又見上 正論篇以人之
情爲欲此五綦者而不欲多譬之是猶以人之情爲欲富
貴而不欲貨也好美而惡西施也 成相篇見上
去聲義字下義魚賀反 六韜文啟篇見上 三略柔有
所設剛有所施弱有所用強有所加兼此四者而制其宜
史記高帝紀高帝歌橫絕四海兮當奈何雖有增繳將
安所施 賈誼新書見上 淮南子脩務訓見上 文子
上德篇陽氣畜而後能施陰氣積而後能化 微明篇是
故舉事而順道者非道者之所爲也道之所施也 越絕
書荆平王內傳漁者歌心中日施子可渡河 又見上
司馬相如上林賦見上 嚴忌哀時命愁脩夜而宛轉兮
氣涫瀉其若波握剞劂而不用兮操規榘而無所施 說

莿見上　易林□之困□陽漸離擊筑善歌慕丹之義爲燕荊軻陰謀不遂矐目死亾功名何施　太玄經爭見上　應次二上曆施之下律和之　禮次六見下　塗陰不之化陽不之施　揚雄甘泉賦樵蒸焜上配藜四施東屬滄海西燿流沙　白虎通性者陽之施情者陰之化也　張衡西京賦見上　邯鄲淳曹娥碑辭在洽之陽大禮未施嗟喪慈父彼蒼伊何　按楚辭大招姱脩滂浩麗以佳只曾頰倚耳曲眉規只滂心綽態姣麗施只小腰秀頸若鮮卑只魂乎歸徠思怨移只始以規施移三字入支佳韻　漢書安世房中歌豐艸葽女蘿施善何如誰能回亦同志言房中樂乃楚聲也　呂氏春秋鄭賈人弦高奚施淮南子作蹇他

□

古音同上　說文□从見它聲

鉈

古音同上　今此字兩收於五支九麻部中

差

楚宜切

古音初沙反　詩東門之枌二章穀旦于差南方之原不績其麻市也婆娑　徐邈音七何反　楚辭離騷湯禹儼而祇敬兮周論道而莫差舉賢而授能兮循繩墨而不頗　宋玉登徒子好色賦目欲其顏心顧其義揚詩守禮終不過差　莊子見上　淮南子說林訓循繩而斵則不過懸衡而量則不差　文子同　水雖平必有波衡雖正必有差　文子同　泰族訓寸而度之至丈必差銖而稱之至石必過　文子同　要略傳流逎之觀節養性之和分帝王之操列小大之差者也　嚴忌哀時命志怦怦而內直兮履繩墨而不頗執權衡而無私兮稱輕重而不差　枚

乘諫吳王書夫銖銖而稱之至石必差寸寸而度之至丈必過　說苑同　司馬相如子虛賦見上　哀二世賦登陂陁之長阪兮坌入曾宮之嵯峩臨曲江之隑州兮望南山之參差　太玄經禮次六魚鱗差之乃矢施之　闕次七見上　張衡西京賦見上　晉陸雲寒蟬賦於是靈岳幽峻長林參差爰蟬集止輕羽差池清澈微激德音孔嘉

今此字五收於五支十三佳十四皆九麻十五卦部中

嵯

古音在何反　漢東方朔七諫見上　劉向九歎見上

今此字兩收於五支七歌部中　亦作嵳漢司馬相如上林賦見上

縒

古音蹉　說文縒从糸差聲　今此字兩收於五支三十
三哿部中

齹

古音在何反　說文齹从齒差聲　亦作齹見下

彲

丑知切

古音丑戈反　史記周本紀非熊非羆非虎非彲　六韜
同

螭

古音同上　楚辭河伯與女游兮九河衝風起兮水揚波
乘水車兮荷蓋駕兩龍兮驂螭　淮南子天文訓爰止羲
和爰息六螭　漢揚雄羽獵賦見上　蜀都賦見上　魏
何晏景福殿賦見上　按宋玉高唐賦王乃乘玉輿駟蒼

螭埀旒旌旆合詁紬大弦而雅聲亦列風過而增悲哀入

皆咍韻

漪　於離切

古音阿　吳越春秋漁父歌日昭昭乎侵已馳與子期乎蘆之漪

猗

古音同上　詩淇奧首章瞻彼淇奧菉竹猗猗有匪君子如切如磋如琢如磨　車攻六章四黃旣駕兩驂不猗不失其馳舍矢如破　節南山二章節彼南山有實其猗赫赫師尹不平謂何天方薦瘥喪亂弘多民言無嘉憯莫懲嗟　那猗與那與按詩有四言而二韻者婉兮孌兮之類是也　漢外黃令高彪碑以猗衡爲阿衡　列子吾與之虛而猗移莊子作委蛇猗於戈反委亦於戈反

上聲則音於可反　詩隰有萇楚猗儺其枝

椅

古音同上　詩湛露見上

馳

直離切

古音駝亦作駞　詩車攻見上　卷阿十章君子之車既庶且多君子之馬既閑且馳矢詩不多維以遂歌　楚辭離騷見上　遠游見上　管子見上聲侈字下　莊子見上　戰國策見去聲被字下　漢書郊祀志見上　淮南子原道訓見上　說林訓良馬易道使人欲馳飲酒而樂使人欲謌　泰族訓見上　吳越春秋見上　陳第曰馳音駝按說文馳从馬也聲貤从貝也聲蓋古也音移與它通故蛇从它亦从也池从也亦从它　楚辭離騷乘騏驥以馳騁兮忽馳騖以追逐兮九歌大司命高馳兮沖天東君撰余轡兮高駞翔王逸本竝作駝

池

古音同上　詩東門之池首章東門之池可以漚麻彼美淑姬可與晤歌　無羊二章或降于阿或飲于池或寢或訛　皇矣六章無矢我陵我陵我阿無飲我泉我泉我池　楚辭九歌少司命與女游兮九河衝風至兮水揚波與女沐兮咸池晞女髮兮陽之阿望美人兮未來臨風怳兮浩歌　招魂見上　穆天子傳見上　墨子見上　漢書禮樂志日出入泊如四海之池徧觀是邪謂何　司馬相如上林賦見上　枚乘七發見上聲灑字下　東方朔七諫鸞皇孔鳳日以遠兮畜鳧駕鵝雞鶩滿堂壇兮鼃黽游乎華池要裹奔亾兮騰駕橐駝鉛刀進御兮遙棄太阿拔搴玄芝兮列樹芋荷橘柚萎枯兮苦李旖旎　易林坎之益設網張羅捕魚園池　揚雄羽獵賦相與集於靖冥之館以臨珍池灌以岐梁溢以江河　張衡西京賦見上　晉索靖艸書狀及其逸游盻嚮乍正乍邪騏驥暴怒逼其

灖海水宂隆揚其波芝艸蒲陶還相繼棠棣融融載其華玄熊對踞於山嶽飛燕相追而差池邪華二字當時皆入歌韻　陸雲寒蟬賦見上　宋鮑照石帆銘應龍剖流息石橫波下溗地軸上獵星羅牽湘引漢欲蠹吞池西歷岷冢北𡨢淮河　陳第曰池音沱周禮職方氏虖沱作虖池禮記晉人將有事於河必先有事於惡池池通作沱詩白華滮池北流說文作滮沱漸漸之石俾滂沱矣史記作滂池　按易離六五出涕沱若荀爽本作池　春秋桓十二年公會紀侯莒子盟于曲池公羊作毆蛇蛇亦音沱　史記秦紀樂池相秦正義曰池徒何反　山海經虖沱作虖池　墨子虖沱作嘑池　淮南子地形訓虖沱作呼池　漢書地理志虖沱作虖池　水經注虖沱作雩池　揚子法言汙池作惡沱　後漢書光武帝紀無爲山陵陂池音普何反池音徒何反　顏之推匡謬正俗曰東觀漢紀光武作壽陵云爲山陵陂池裁令流水而已按陂池讀如坡陁猶言靡迤自言不須高作山陵但令小隆起陂陁然

裁得流泄水潦耳今讀者謂爲陂池令得流水此讀非也說文沱从水它聲臣鉉等曰沱沼之沱通用此字今別作池非是又曰蹉跎字亦後人所加經史通用差池　左傳襄二十二年而何敢差池徐本作沱漢蔡邕協和昬賦鴈行蹉跎卽差池異文　元周伯琦曰沱江別流也俗爲沱沼之沱及差沱之沱俗作池跎竝非　亦作沲韓非子滂沱作呼沲　今此字兩收於五支七歌部中　唐文粹李華詠史詩豔質誠可重淫風如醴何周王惑褒姒城闕成陂池正用七歌部中池字後人不知乃加亠作沲以別於五支之池亦陋矣

惢　姉宜切

古音蘇果反　今此字三收於五支四紙三十四果部中

規　居隋切

古音居何反　淮南子主術訓若欲規之乃是離之若欲飾之乃是賊之　要略唱而和動而隨　揚子法言蕭也規曹也隨

箠

竹垂切

古音陀　管子形勢篇弱子下瓦慈母操箠　漢張衡南都賦其竹則籦籠篁篾篠簳箛箠緣延坻坂澶漫陸離阿那蓊茸風靡雲披

齹

仕空切

古音在何反　左傳昭十六年子齹賦野有蔓艸齹音在何反　今此字兩收於五支七歌部中

以上字當與七歌八戈通爲一韻　凡从多从爲从麻从垂从皮从𦣻从奇从義从罷从离从也从差从麗之屬皆

入此

按二韻在古詩截然不相入楚辭亦然黃石公三略始以施加宜移化隨入支字韻漢司馬相如大人賦以馳離河沙入脂之微灰字韻卓文君白頭吟以離爲入支字韻枚乘七發以離入支字韻東方朔七諫以池入脂微字韻列女傳魯秋胡妻頌以河入之微字韻揚雄甘泉賦以馳迤入脂微灰字韻反離騷以馳入脂字韻冀州牧箴以多入脂皆字韻張衡西京賦以施罷儀馳入支字韻南都賦以池螭入微齊灰字韻思玄賦以蘼虧入支字韻王逸九思以施戲峨爲入支脂字韻禰衡鸚鵡賦以巇離儀奇宜入支字韻蔡琰胡笳十八拍以爲離虧宜移隨垂入支字韻古詩行行重行行以離入支字韻冉冉孤生竹以阿蘿宜陂爲入支微字韻滿歌行以巇羅移入支字韻焦仲卿妻詩以移爲施儀離奇池入支微灰字韻王延壽王孫賦通篇出入支離二韻至七諫哀命一篇則憂尤知離三韻合

用是則此韻之訛其來久矣

六脂

古與五支之半通爲一韻

馗 渠追切

古音求　魏王粲從軍行見尤韻

艽

古音同上　說文艽从艸九聲

頄

古音同上　易夬九三壯于頄陸德明釋文又音求蜀本作仇　今此三字兩收於六脂十八尤部中　以上三字當削去併入憂流州鳩韻

寅　以脂切

古音翼眞反　今此字兩收於六脂十七眞部中　按書寅賓出日夙夜惟寅徐邈竝音夷劉三吾曰寅有二音韻書釋翼眞反者爲敬延知反者爲東方之辰然陸氏兼取二音是二義可互讀也按史記律書寅言萬物始生螾然也故曰寅漢書律歷志引達於寅白虎通寅者演也是東方之辰未嘗讀爲延知反也又按漢李尤上東門銘上東少陽厥位在寅條風動物月值孟春晉王渾詩於顯我王緝乘斯民俊明有德嚴恭惟寅後魏李騫釋情賦清風忽其緬邈啟皇祖於庚寅逢軒教之方洽遇周命之惟新譬龍虎其有合信山川而降神若勝庭之五傑佰不速之三

人皆讀爲翼眞反至唐張子容贈孟浩然詩土地窮甌越風光肇建寅杜周士閏月定四時詩葭灰初變律斗柄正當寅樂仲詩斗杓重指甲灰琯再推寅始作夷音用非也當削去併入眞韻

七之

古與五支之半及六脂通爲一韻

八微

古與五支之半及六脂七之通爲一韻

揮 許歸切

古音熏　魏王粲詩荆軻爲燕使送者盈水濱縞素易水上涕泣不可揮　說文揮从手軍聲

煇

古音同上　詩庭燎三章夜如何其夜鄉晨庭燎有煇君子至止言觀其旂　漢張衡西京賦金戺玉階彤庭煇煇珊瑚琳碧瓀珉璘彬珍物羅生煥若崑崙雖厥裁之不廣侈靡踰乎至尊　魏何晏景福殿賦溫房承其東序涼室處其西偏開建陽則朱炎豔啟金光則清風臻故冬不淒寒夏無炎煇鈞調中適可以永年　說文煇从火軍聲

上聲則下本反　漢書司馬相如傳煥炳煇煌煇音下本反

去聲則音運　梁張率舞馬賦訓厚況於人神弘施育於黎獻坐景炎於長世集繁祉於斯萬在庸臣之方剛有從軍之大願必自兹而展采將同畀於庖煇悼長卿之遺書憫周南之留恨　周禮眂祲掌十煇之法煇音運　保章氏註日有薄食暈珥暈本亦作煇又作運　禮記祭統夫祭有畀煇胞翟閽者煇音運　張弨曰煇从火其用皆熏

燎之屬俗改从炎遂與古音意遠矣凡从炎者俱俗譌也

今此字三收於八微二十三魂二十一混部中

暉

古音同上　太玄經視次五鸞鳳紛如厥德暉如　漢安平相孫根碑辭皇矣府君合德厚純恢廓術藝以道位氏行行義勇無猾不儐抑抑珪質光容有暉　說文暉从日軍聲

獋

古音同上　說文獋从犬軍聲　今此字兩收於八微二十三魂部中

翬

古音同上　說文翬从羽軍聲　以上五字當改入文韻

旂　渠希切

古音芹　詩庭燎見上　采菽二章觱沸檻泉言采其芹君子來朝言觀其旂　泮水首章思樂泮水薄采其芹魯侯戾止言觀其旂　左傳僖五年童謠丙之晨龍尾伏辰均服振振取虢之旂鶉之賁賁天策焞焞火中成軍虢公其奔　說文旂从㫃斤聲徐鍇繫傳曰斤旂近佀聲韻家所以言傷細也今按旂音芹乃正諧非傷細也

圻

古音同上　漢枚乘七發冥火薄天兵車雷運旌旗偃蹇羽旄肅紛馳騁角逐慕味爭先徼墨廣博望之有圻純粹全犧獻之公門　周禮典瑞註瑑有圻鄂瑑起圻魚巾反　淮南子通于無圻註圻音寅垠也　說文圻垠或从斤　亦作沂考工記輈人註謂漆沂鄂如環沂魚巾反　禮記郊特牲註幾謂漆飾沂鄂也沂魚巾反　少儀註幾附

纏爲沂鄂也沂魚巾反　漢熹平四年堯廟碑億不殄兮祉無沂博陵太守孔彪碑永永無沂與日月并沂並垠字

今此字三收於八微二十一殷二十四痕部中

按二十一殷部蘄字註艸也又巨希切而微韻不收爾雅薜山蘄蘄音芹本艸註蘄卽古芹字

蚚

古音同上　說文蚚从虫斤聲

沂　魚衣切

古音魚巾反　漢班固荅賓戲言通帝王謀合聖神殷說夢發於傅巖周望兆動於渭濱齊甯激聲於康衢漢良受書於邳沂皆竢命而神交匪詞言之所信故能建必然之策展無窮之勳也師古曰沂牛斤反　杜篤論都賦夫漢

開基高祖有勳斬白蛇屯黑雲聚五星於東井提干將亟
呵暴秦蹈滄海跨崑崙奮彗炎帰項軍遂濟大難蕩滌於
四沂　爾雅釋樂大簫謂之沂沂音銀　宋書樂志爾雅
曰簫大者尺四寸圍三寸曰沂沂音銀今十七眞部有䜣
字註云大簫　說文沂从水斤聲　今垽字在去聲二十
四焮部中音居靳切爾雅註今江東呼垽音魚勤反文選
木華海賦垽淪潒瀁音銀　以上四字當改入殷韻

九魚

十虞

古與九魚通爲一韻

孚　芳無切

古音方矛反　詩文王七章上天之載無聲無臭儀刑文王萬邦作孚　下武二章王配于京世德作求永言配命成王之孚　太玄經聚首鼎血之穡九宗之好乃後其孚　漢蔡邕麟頌皇矣大角降生靈獸視明禮修麒麟來孚春秋既書爾來告就庶士孑鉏獲諸西狩按此依文王詩作去聲用　唐韓愈祭張給事文府遷幽都頑悖未孚繁君之賴乃奏乞留　禮記聘義孚尹旁達註孚讀爲浮釋名浮孚也孚甲在上稱也又曰覆孚也如孚甲之在物外也　陳第曰孚音浮說文浮烰蜉桴皆云孚聲今載沈載浮蒸之浮浮蜉蝣之羽皆讀浮桴字孫愐音附柔切亦有浮音　魏晉人誤以浮字亦讀爲孚陸機贈顧彥先詩氾予津川桴不失浮無憂餘輝遂暗東嵎是也

孛

古音同上　今此字兩收於十虞三十小部中　以上二字當改入憂韻

古音同上　詩兔爰二章有兔爰爰雉離于罦我生之初尚無造我生之後逢此百憂尚寐無覺說文引此作雉離于罦　今此字兩收於十虞十八尤部中　當削去併入憂韻

郛

古音同上　漢張衡西京賦於是量徑輪考廣袤經城洫營郭郛取殊裁於八都豈稽度於往舊　亦作垺莊子秋水篇垺大之殷也徐音孚郭芳尤反崔音裒

桴

古音同上　易林頤之萃水淡無桴褰難何游商伯失利庶人愁憂　魏嵇康太師箴故子州稱疾石戶乘桴許由

鞠躳辭長九州　宋謝靈運羅浮山賦伊離情之易結諒
沈念之羅浮發潛夢於永夜若愬波而乘桴越扶嶼之細
漲上增龍之合流鼓蘭枻以水宿杖桂策以山游　梁陸
罩奉和簡文帝往虎窟山寺詩喬枝隱修逕曲澗聚輕流
徘徊花艸合瀏亮鳥聲遒金盤響清梵涌塔應鳴桴　禮
記禮運蕢桴而土鼓明堂位土鼓蕢桴竝音浮　明堂位
註屛謂之樹今桴思也桴音浮　爾雅釋宮棟謂之桴音
浮　逸周書王會解康民以桴苡桴苡者其實如李食之
宜子桴音浮桴苡卽芣苢也　宋陸游老學菴筆記曰浮
炭者謂投之水中而浮今人謂之桴炭白樂天詩云日暮
半爐桴炭火是也　今此字兩收於十虞十八尤部中皆
注云屋棟　又按枹鼓之枹廣韻於五肴十八尤中竝收
宋祁曰此字諸韻多音浮云鼓槌也爾雅音逋茅反又音
浮註樸屬叢生者爲枹引詩山有枹櫟詩棫樸傳樸枹木
也玉篇亦引爾雅音無夫訓今按淮南子高誘註亦音浮
然古書中往往有作桴鼓者葢因二字同是浮音故得偺

用後人既讀桴爲夫又并枹字亦改夫音誤之誤矣　左傳成二年右援枹而鼓枹音浮本亦作桴　史記司馬穰苴傳援枹鼓之急則忘其身索隱曰枹音浮　唐元稹陽城驛詩況自爲刺史豈復援鼓桴入州流等韻　以上二字當改入憂韻凡从孚之字皆同

殍

古音平表反　今此字三收於十虞五旨三十小部中　宋沈括夢溪筆談謂唐白居易題座隅詩云伯夷古賢人魯山亦其徒時哉無奈何俱化爲餓殍作夫字押韻爲誤　王楙野客叢書辨之以爲唐韻十虞部中元收此字白未嘗誤若以古音正之則孚字已不當入此部矣　當併入小韻

梂

舉朱切

古音求　說文捄盛土於梩中也一曰擾也詩曰捄之陾陾从手求聲舉朱切　按舉朱當爲舉求之誤趙宧光曰詩有捄棘匕有捄天畢有捄其角並是此字　當削去併入憂韻

十一模

古與九魚十虞通爲一韻

十二齊

古與五支之半及六脂七之八微通爲一韻

西

先稽切

古音先　詩小明首章明明上天照臨下土我征徂西至于艽野天與西爲韻　漢書禮樂志郊祀歌象載瑜篇象

載瑜白集西會甘露飲榮泉赤鳳集六紛員姝翁雜五采文　易林屯兵征大宛北出玉關與胡寇戰平城道西七月絶糧身幾不全　泰之歸妹逐鹿山巔利去我西　否之家人俱爲天民雲過我西風伯疾雨與我無恩　无妄之師火起上門不爲我殘跳脱東西獨得先完不利出鄰病疾憂患　頤之大有轟轟軥軥驅東向西盛盈必毁高位崩顛　之井終風東西渙散四分終日至暮不見子懽　離之既濟口不從心欲東反西與意乖戾動舉失便咸之歸妹兄征東燕弟伐遼西大克勝還封居河間家人之歸妹駕車出門順時空西福祐我身安寧無患　夬之泰清冷如雲爲兵導先民人寬急不知東西　歸妹之豫逐利三年利走如神展轉東西如鳥避丸　班固西都賦漢之西都在於雍州寔曰長安左據函谷二崤之阻表以太華終南之山右界褒斜隴首之險帶以洪河涇渭之川衆流之隈汧湧其西　馬融廣成頌徼嫿霍奕別鶩分奔騷擾聿皇往來交舛紛紛回回南北東西　趙壹窮鳥

賦幸賴大賢我欽我憐笛濟我南今振我西烏也雖頑猶識密恩内以書心外用告天　王延壽魯靈光殿賦玄醴騰涌於陰溝甘露被宇而下臻朱桂黝儵於南北蘭芝阿那於東西祥風翕習以颯灑激芳香而常芬神靈扶其棟宇歷千載而彌堅　樂府烏生篇左手持彊彈兩丸出入烏東西嚼我一丸卽發中烏身烏死魂魄飛揚上天　鴈門太守行臨部居職不敢行恩清身苦體夙夜勞勤治有能名遠近所聞天年不遂早就奄昬爲君作祠安陽亭西欲令後世莫不稱傳　魏文帝燕歌行別日何易會日難山川悠遠路漫漫鬱陶思君未敢言寄書浮雲往不還涕零雨面毀形顏誰能懷憂獨不歎耿耿伏枕不能眠披衣出戶步東西展詩清歌聊自寬樂往哀來摧心肝悲風清厲秋氣寒羅帷徐動經秦軒仰戴星月觀雲間飛鳥晨鳴聲可憐留連顧懷不自存　明帝步出夏門行商風夕起悲彼秋蟬變形易色隨風東西乃眷西顧雲霧相連丹霞蔽日彩虹帶天弱水潺潺落葉翩翩孤禽失羣悲鳴其間

善哉殊復善悲鳴在其間　陳思王吁嗟篇吁嗟此轉蓬居世何獨然長去本根逝夙夜無休閒東西經七陌南北越九阡卒遇回風起吹我入雲間自謂終天路忽焉下沈淵驚飈接我出故歸彼中田當南而更北謂東而反西宕宕當何依忽亾而復存飄颻周八澤連翩歷五山流轉無恒處誰知吾苦艱願爲中林艸秋隨野火燔糜滅豈不痛願與根荄連　左延年從軍行苦哉邊地人一歲三從軍三子到燉煌二子詣隴西五子遠鬬去五婦皆懷身　嵇康琴賦若乃青蘭被其東沙棠植其西涓子宅其陽玉醴涌其前玄雲蔭其上翔鸞集其巔清露潤其膚惠風流其間竦肅肅以靜謐密微微其清閑　晉左思蜀都賦亞以少城接乎其西市鄽所會萬商之淵列隧百重羅肆巨千賄貨山積纖麗星繁　潘岳西征賦日月麗天出入乎東西旦佀暘谷夕類虞淵　束皙貧家賦何長夜之難曉心咨嗟以怨天債家至而相敵乃取東而償西行乞貸而無處退顧影以自憐銜賣業而難售遂前至於飢年　孫綽

望海賦若乃維馨陳祈祝不愧言或適於東或歸於西商
客齊暢潮流往還各資順勢雙帆同懸　巴蜀語譙登治
涪城文石在巴西張羅守合水巴氏那得前　後漢書竇
融傳贊孟孫明邊伐北開西憲實空漠遠兵金山聽笳龍
庭鏤石燕然雖則折鼎王靈以宣　宋袁淑白馬篇劒騎
何翩翩長安五陵間秦地天下樞八方湊才賢荊魏多壯
士宛洛富少年意氣深自負肯事郡邑權籍籍關外來車
徒傾國鄽五侯競書幣羣公亟爲言義分明於霜信行直
如弦交歡池陽下留宴汾陰西一朝許人諾何能坐相捐
影節去函谷投珮出甘泉嗟此務遠圖心爲四海懸但營
身意遂豈校耳目前俠烈良有聞古來共知然　謝靈運
山居賦曲術周乎前後直陌矗其東西豈伊臨谿而傍沼
廼抱阜而帶山考封域之靈異實兹境之最然葺駢梁於
巖麓棲孤棟於江源　梁江淹寄丘三公詩昔我學冠劒
逢君在三川何意風雨激一訣異東西菊秀空應奪蘭芳
幾時堅常恐握手畢黯如光絕天安得明月珠擘淚寄吳

山　文選陳思王美女篇美女妖且閒采桑岐路間五臣
本作岐路西　漢書律歷志少陰者西方西遷也陰氣遷
落物　白虎通西方者遷方也萬物遷落也　史記趙世
家反巠分先俞於趙正義引郭注云西隃卽鴈門山也西
先聲相近、文選枚乘七發西施徵舒李善本作先施註
曰先施㐌西施也　晉書阮种傳先零作西零　宋書鮮
卑吐谷渾傳先零作西零　南史王儉傳先零作西零
魏書薛虎子傳先零作西零　水經注先零作西零　說
文茜从艸西聲　考工記鮑人註線讀爲絤　按茜絤等
字竝以西得聲而西字音式忍反亦以古眞韻通先故也
又按西字自漢王逸九思螻蛄兮鳴東蝨蠽兮號西始
與璣低霏悽棲徽依懷悲摧爲韻　宋書樂志載明月篇
陳思王詞其末曰君懷常不開賤妾當何依恩情中道絕
流止任東西按此陳思王七哀詩本辭無末二句蓋後人
所加　當改入先韻

十三佳

古與五支之半及六脂七之八微十二齊通爲一韻

十四皆

古與五支之半及六脂七之八微十二齊十三佳通爲一韻

十五灰

古與五支之半及六脂七之八微十二齊十三佳十四皆通爲一韻

十六咍

古與五支之半及六脂七之八微十二齊十三佳十四皆十五灰通爲一韻

按支脂之微齊佳皆灰咍同用之證如詩南山首章兼用六脂八微十四皆十五灰出車六章烝民八章兼用六脂八微十二齊十四皆其用二三韻者甚多易傳楚辭諸子先秦之書無不同者卽漢魏而下如古詩西北有高樓上與浮雲齊交疏結綺牕阿閣三重堦上有絃歌聲音響一何悲誰能爲此曲無乃杞梁妻清商隨風發中曲正徘徊一彈再三歎慷慨有餘哀不惜歌者苦但傷知音稀願爲雙黃鵠奮翅起高飛兼用六脂八微十二齊十四皆十五灰十六咍蘇武詩黃鵠一遠別千里顧徘徊胡馬失其羣思心常依依何況雙飛龍羽翼臨當乖幸有絃歌曲可以喻中懷請爲游子吟泠泠一何悲絲竹厲清聲慷慨有餘哀長歌正激烈中心愴以摧欲展清商曲念子不得歸俛仰內傷心淚下不可揮願爲雙黃鵠送子俱遠飛兼用六脂八微十四皆十五灰十六咍魏武帝苦寒行北上太行山艱哉何巍巍羊腸坂詰屈車輪爲之摧樹木何蕭瑟北風聲正悲熊羆對我蹲虎豹夾路啼谿谷少人民雪落何

霏霏延頸長歎息遠行多所懷我心何怫鬱思欲一東歸水深橋梁絕中路正徘徊迷惑失故路薄暮無宿棲行行日已遠人馬同時饑擔囊行采薪斧冰持作糜悲彼東山詩悠悠使我哀榮州五支六脂八微十二齊十四皆十五灰十六咍其他出入四五韻或二三韻者不可勝述毛先舒曰唐韻之佳灰即中原韻之皆來今曲凡唱皆來韻者其音後必收如衣衣字乃支微齊之韻古詩樂府在俗本亦歌唱以收音相類爲韻部相附故佳灰通支微齊也

唐韻正上平聲卷之二終

唐韻正上平聲卷之三

十九

音學五書

十七眞

十八諄

古與十七眞通爲一韻

十九臻

古與十七眞十八諄通爲一韻

按眞諄臻不與耕清青相通然古人於耕清青韻中字往往讀入眞諄臻韻者當緣方音之不同未可以爲據也詩三百五篇並無此音孔子傳易於屯曰雖槃桓志行正也以貴下賤大得民也於觀曰觀國之光尚賓也觀我生觀民也觀其生志未平也是平正皆從民字讀矣於革曰天

地革而四時成湯武革命順乎天而應乎人於兑曰說以利貞是以順乎天而應乎人於節曰天地節而四時成節以制度不傷財不害民於繫辭傳曰君不密則失臣臣不密則失身幾事不密則害成是成貞皆從人臣字讀矣

至屈宋亦多此音離騷皇覽揆余于初度兮肇錫余以嘉名名余曰正則兮字余曰靈均是名從均字讀矣卜居寧誅鋤艸茅以力耕乎將游大人以成名乎寧正言不諱以危身乎將從容富貴以媮生乎寧超然高舉以保真乎將哫訾慄斯喔咿嚅唲以事婦人乎寧廉潔正直以自清乎將突梯滑稽如脂如韋以絜楹乎是耕名生清楹皆從身字讀矣九辯泬寥兮天高而氣清寂漻兮收潦而水清憯悽增欷兮薄寒之中人愴怳懭悢兮去故而就新坎廩兮貧士失職而志不平廓落兮羇旅而無友生惆悵兮而私自憐燕翩翩其辭歸兮蟬寂漠而無聲鴈廱廱而南逝兮鵾雞啁哳而悲鳴獨申旦而不寐兮哀蟋蟀之宵征時亹亹而過中兮蹇淹留而無成是清平生聲鳴征成皆從人

字讀矣又如天淵二字古與眞諄同韻者也而乾彖傳形成貞寧皆從天讀文言正精情平皆從天讀訟彖傳成正皆從淵讀大畜彖傳正從賢天讀今吳人讀耕清青皆作眞音以此知五方之音雖聖人有不能改者

二十文

古與十七眞十八諄十九臻通爲一韻

二十一殷

古與十七眞十八諄十九臻二十文通爲一韻

二十二元

古與十七眞十八諄十九臻二十文二十一殷通爲一韻

二十三魂

古與十七眞十八諄十九臻二十文二十一殷二十二元通爲一韻

二十四痕

古與十七眞十八諄十九臻二十文二十一殷二十二元二十三魂通爲一韻

二十五寒

古與十七眞十八諄十九臻二十文二十一殷二十二元二十三魂二十四痕通爲一韻

二十六桓

古與十七眞十八諄十九臻二十文二十一殷二十二元二十三魂二十四痕二十五寒通爲一韻

二十七刪

古與十七眞十八諄十九臻二十文二十一殷二十二元二十三魂二十四痕二十五寒二十六桓通爲一韻

二十八山

古與十七眞十八諄十九臻二十文二十一殷二十二元二十三魂二十四痕二十五寒二十六桓二十七刪通爲韻